목간이 들려주는 일본의 고대
木簡が語る日本の古代

목간이 들려주는 일본의 고대 - 木簡が語る日本の古代 -

저   자 : 토노 하루유키東野治之
역   자 : 이 용 현
발   행 : 주류성 출판사
발 행 인 : 최 병 식
인 쇄 일 : 2008년 1월 23일
발 행 일 : 2008년 1월 30일
등 록 일 : 1992년 3월 19일 제 21-325호
주   소 : 서울특별시 서초구 서초동 1308-25 강남오피스텔 1212호

T E L : 02-3481-1024(대표전화)
F A X : 02-3482-0656
HOMEPAGE : www.juluesung.co.kr
           www.juluesung.com
           www.주류성.com
E - M A I L : juluesung@yahoo.co.kr

MOKKAN DE KATARU NIHON NO KODAI
by Hiroyuki Tono
ⓒ 1983, 1997 by Hiroyuki Tono
Originally published in Japanese by Iwanami Shoten, Publishers, Tokyo, 1983.
This Korean language edition published in year of publication
by the Juluesung Publishing Co., Seoul
by arrangement with the proprietor c/o Iwanami Shoten, Publishers, Tokyo

값 15,000원

ISBN 978-89-87096-94-0

잘못된 책은 교환해 드립니다.

목간이 들려주는 일본의 고대

- 木簡が語る日本の古代 -

토노 하루유키 著

이용현 譯

주류성출판사

머리글

    최근에 일고 있는 고대사 붐 탓인지는 몰라도 목간이 신문과 텔레비전에 오르내리는 일이 많아졌다. 그러나 목간이 다량으로 발굴되기 시작한 것은 기껏해야 근 30년에 지나지 않는다. 이 때까지 발굴 사례가 없었던 것은 아니지만, 1961년(소화 36년)에 나라奈良의 헤이조궁平城宮터에서 나라 시대의 목간이 출토된 이후로 보아도 좋을 것이다.

    이에 따라 목간 연구도 아직은 일천한 터라, 모르는 것이 적지 않다. 우선 목간이라는 말부터 명확한 정의를 내리지 못하고 있다. 일단 장방형의 나무 조각에 문자를 새긴 것을 목간이라고 하기는 하지만, 이를 모두 통틀어 무엇이든 목간이라고 해도 좋은가, 또는 어느 시대를 막론하고 나무 조각에 글씨만 새기면 다 목간인가, 하는 문제는 학계에서도 아직 결론을 내놓지 못하고 있다.

    그러나 이에 상관없이 목간에 대한 관심은 전문가들 사이에서는 물론이거니와, 일반사람들 사이에서도 상당히 높은 것 같다. 고대인들이 쓴 기록이 생생한 형태로 드러난다는 점에서 목간이 관심을 끄는 것은 당연한 일이다. 특히 고대사 분야에서 목간을 높이 평가하는 목간의 기록 자체 새로운 사료군史料群이라는 점 때문이다. 목간이 대량으로 출토되기 이전까지의 고대사는 주로 『일본서기日本書紀[니혼쇼키]』를 비롯한 정부편찬의 정사와 정창원正倉院[쇼오소오인]이나 고사古寺에 전해온 고문서를 근거로 구성되었다. 이들은 고대사를 고찰하는 근본사료로는 지장이 없지만, 한계도 드러냈다. 정사류正史類는 어디까지나 후대에 정리한 것이다. 그리고

고문서는 그때 그때의 상황을 전하고는 있지만, 대부분이 특정한 관청이
나 사원과의 관계를 적은 기록물이다. 그래서 시대적으로나, 내용적으로
편협할 수 밖에 없다.

이와 같은 사료의 공백을 메우는 자료가 바로 목간이다. 우선 출토지는
킨키近畿지방을 중심으로 북으로는 토호쿠東北지방, 남으로는 큐슈九州에
걸쳐 있다. 이들 지역에서 나온 목간의 숫자도 헤이조경平城京터 출토품
약 16만 점을 비롯 전국에서 약 20만 점에 이른다. 중앙은 물론이고, 지방
의 관청이나 그 행정 구역에서 어느 정도의 사료를 확보한 것은 사료가
지금까지 극히 한정되었던 사실을 고려할 때 특필할 사항이기도 하다.

또한 종래에 몇 가지 금석문이나 사경寫經을 제외하면, 고문서 중에서
가장 오래된 것으로 알려진 것은 정창원문서 중의 하나인 대보大寶 2년
(702)의 호적이었다. 그러나 이 호적도 폐기 후에 뒷면을 재활용한 부분
에 남은 것이고, 양적으로도 결코 많지 않다. 그러나 목간에서는 나라시
대 이전에 해당하는 아스카飛鳥의 여러 궁전이나 후지와라궁藤原宮[1]에서 많
은 출토예가 알려지게 되었다. 그때까지의 고대사에서는 예상도 할 수 없
었던 일이었다.

한편, 시대가 내려감에 따라 사료는 증가하는 것이 보통인데, 이를 남
긴 방식은 고르지 않다. 예를 들어 헤이안平安시대 초기를 말하면, 정사인
『일본후기日本後紀[니혼고키]』에는 결락이 보이고, 고문서도 나라시대보다 현
격하게 적다. 나라시대의 고문서가 많은 이유는 정창원이라는 특수사정
때문이다. 아직 수는 비교적 적으나, 나가오카궁長岡宮터나 헤이안궁터 등

---

1) 694~710년 동안 존속했던 도성. 조방제를 시행한 도성을 확실히 동반하는 것으로서
는 가장 오래된 것. 천무天武[덴무]천황 때에 천도계획이 있었지만 천황의 죽음으로 실
현되지 못하고, 지통持統[지토오]천황 때에 완성되었다.

에서 나오는 헤이안시대의 목간은 이 점에서 오래된 다른 목간에 뒤지지 않는다.

본서에서는 지금까지 나온 목간 중에서 선택한 몇 가지를 빌려 고대의 생활이나 문화, 국가의 특색 등을 조망해 보았다. 각 장은 일단 독립되어 있으므로 어떤 부분부터 읽어도 지장이 없을 것이다. 필자의 관심이 우선한 것이나, 전체의 분량에 따라 중요한 목간이면서도 빠진 것이 적지 않다. 그러나 여기에 다룬 것만으로도 목간이 얼마나 폭넓게 고대의 역사를 전해 주는지를 이해할 것이다. 본서를 빌려 독자 여러분들이 고대사의 다양한 분야에 새로운 관심을 가져 주는 것으로, 더 없이 행복한 마음을 오래 간직하고 싶다.

【차 례】

木簡が語る日本の古代

【 차 례 】

木簡が語る日本の古代

제1장
관리들의 습자

1. 습자習字에 사용된 목간

깎아낸 껍질

내가 목간 연구에 뜻을 둔 동기는 단간斷簡(⇨조각 목간)을 잊지 못한 데 있다. 이는 『문선文選』이라는 중국의 문학서를 습자한 것이다.

1971년(소화 46년) 당시 대학원생이었던 나는 국문학의 학점 리포트로 무엇을 쓸지 망설이고 있었다. 강의를 담당하셨던 코지마 노리유키小島憲之 선생님은 일본에 섭취된 중국문학 연구로 널리 명성을 얻은 분이셨다. 이 때문에 중국의 서적의 수용과 같은 테마가 가장 적당하다는 생각을 하게 되었다. 이때 떠올린 것이 헤이조궁平城宮 목간의 보고서에 실렸던 다음과 같은 단편 부분이었다.

(1) ㄱ臣善言窠ㄴ
(2) 野臣善言ㄴ
(3) 臣善ㄴ

(그림 1, 길이 10.6cm)

발굴되는 목간은 완전한 것이 드물고, 대개 잘리거나 깨져 있다. 애당초 고대인이 쓸모가 없어져 버린 형태로 나오는 것이 보통이다. 목간은 본래 흔한 기록

그림 1
(奈良文化財研究所)

용구이다. 그래서 용도가 끝나면 오른쪽에서 왼쪽으로 버려질 운명을 맞는다. 전래된 목간이 거의 없는 것도 이와 관계가 있다. 버려져서 나오는 목간도 형태는 다양한데, 여기 실은 단편들은 목간을 깎아냈을 때 생기는 껍질이다. 한 번 사용한 목간에 다른 내용의 글을 쓰기 위하여 표면을 얇게 도려내는 일이 흔히 이루어졌다.

'臣善'이라는 글자

아주 작은 껍질을 기억하고 있었던 데는 거기에 '臣善'이라는 글자가 있었기 때문이었다. 앞에서 언급한 『문선』이라는 서적은 일본에 일찍이 들어왔는데, 특히 이선李善이라는 당唐나라 학자에 의하여 주석된 텍스트가 자주 거론되었다. 이 주석은 지금도 『문선』을 읽는 데에 최상의 안내서가 되고 있다. 그런데 중국 돈황敦煌에서 발견한 당대의 사본이나, 일본 헤이안시대 문헌에 인용되는 이선의 주를 보면, 지금 보는 것과는 조금 다른 점이 있다.

우선 눈에 띄는 것은 각각의 주석에 나오는 서두이다. 지금의 책에는 "선善이 이르기를善日"이라고 했는데, 오래된 형태에는 "신臣 선善이 이르기를臣善日"이라고 했다는 점이다. 이선은 주석을 황제에게 헌상할 생각에서 자신을 낮추어 "臣善"으로 표기했던 것이다.

여기 나오는 "臣善"과 목간의 "臣善"은 어쩌면 관계가 있을지도 모른다는 것이 나의 착상이었다. 『문선』이 일본 고대에 중요시되었던 책이라는 것은 이미 많은 연구를 거쳐 밝히고 있다. 나라시대의 문학작품이나, 사서에 커다란 영향을 준 코지마 노리유키 선생님의 연구를 빌려 잘 알려져 있었다. 『문선』에 관계가 있는 목간이 있었다고 해도 조금도 이상한 일이 아닌 것이다.

그러나 앞에서 말한 착상을 확인하는 것은 까다로운 작업이었다. 우선 당시에 이미 간행되었던 『문선』의 자구색인으로 『문선』의 본문 중에 관계가 있을 법한 자구를 찾아보는 것부터 시작했다. 만약 적당한 자구가 나오면, 그 부분의 이선주李善注를 보는 방법을 썼다.

그러나 목간과 관계가 있을 법한 자구는 발견되지 않았다. 그래서 이선주를 하나하나 뒤지는 방법밖에 다른 도리가 없다는 생각에서 중국문학 연구실로 『문선』을 빌리러 갔다. 내가 대출한 것은 에도江戸시대에 일본에서 간행한 훈독부호가 붙은 판본이었다. 주석이 집성되어 있으므로 분량은 많았으나, 글자가 커서 찾는 데는 아주 좋았다.

상표문上表文

그런데 빌려온 『문선』의 화각본和刻本을 연구실에서 아무 생각 없이 펼쳐 보고 놀랐다. 제일 처음에 펼친 제1책에는 본 바와 같은 글자가 늘어져 있었다.

> 臣善言, 竊以道光九野, 縟景緯以照臨
> (신 李善이 말씀드리기를 은근히 생각하건대 길은 九野에 빛나고, 景緯를 뚜렷이 하여 照臨하다.)

'그 목간은 이를 쓴 것'으로 여긴 것이 그때의 첫인상이었다. 화각본 『문선』의 제1책에는 서문과 목차가 실렸는 데, 위에서 예를 든 것도 『문선』의 본문은 아니다. 이선이 쓴 문장이다. 이선은 자신의 주석이 일단 완성된 현경顯慶 3년(658)에 저술의 의도 등을 쓴 상표문을 만들어 주석과 함께 고종高宗 황제에게 헌상했다. 그 상표문이 본래의 서문이나 다른 주석의 서문과 함께 『문선』의 권두에 올려 놓은 것이다. 이 체재는 유래가 오래되어 헤이안시대의 고사본에서는 상표문이 『문선』의 권두에 놓여 있다. 그러나 이 상표문은 『문선』 그 자체와는 직접 관계가 없기 때문에 현재 출판되는 주석서 등에는 실리지 않았고, 당연히 『문선』의 글자색인의 대상에서도 제외되었다. 색인을 뒤진 것만으로는 알 수 없었던 것도 당연했다.

귀가해서 목간의 자구와 맞춰보았을 때 예상대로 아주 닮았다는 것을 알아냈다. 지금까지 무슨 글자인지 몰랐던 (1)의 '窠'의 아래 글자가 '以'처럼 보이게 되었다. '窠'는 '竊'의 오독이라는 것도 추측할 수 있었다. 결국 보고서의 오독을 정정하면

　　　⊐臣善言, 竊以⊏

가 될 것 같다. 목간의 자구가 상표문의 일부라는 것은 거의 확실한 것처럼 보였다. 그러나 이것으로는 아직 확실할 수가 없었다. 무엇보다 목간에 나온 자구는 극히 짧은 것이고, 더욱이 서법도 난잡했다. 우연히 많이 닮은 글자가 배열되었을 수도 있었다. 그래서 이를 상표문의 일부라고 생각하기에는 좀 더 다른 증거가 필요한 참이었다.

습자

나는 다시 보고서를 펼쳐 보았다. 그러자 앞의 목간과 같은 장소에서 발견된 단편에

　　(4) ⊐九九野⊏

라고 쓴 글자가 눈에 들어왔다. 이는 상표문의 "道光九野"를 습자한 것이 아닐까. 그같은 생각이 들었을 때 '九' 위의 글자는 확실히 '光'으로 읽힌다.

이 점을 확실히 하기 위해 이 단편들 발굴에 참가하였다. 그리고 당시 나라국립문화재연구소에서 직접 헤이조궁 출토 목간 조사·연구에 나섰던 카리노 히사시狩野久 씨에게 발굴 당시의 소견을 여쭈어 보았다. 내가 알고 싶었던 것은 '臣善'의 단편과 '九九野'의 단편이 원래는 같은 목간의 일부였을 가능성을 생각할 수 있을지의 여부였는데, 카리노 씨의 대답은 충분히 그 가능성이 있다는 것이었다. 이 단편들은 8세기 후반 무렵에 단기간에 사용되다가 묻혀 버린 것으로 보이는 쓰레기 구덩이에서 한 뭉텅이로 발견되었다고 한다. 즉, 하나의 목간에서 나온 껍질을 함께 버렸을 가능성이 있는 것이다.

이 대답에 힘을 얻고 나서 리포트를 정리해 보았다. '臣善' 운운하는 목간의 자구는 이선의 상표문의 일부이다. 이를 잇는 '道光九野'를 습자한 단편이 있다는 사실은 이를 방증한다는 것이 그 요지이다. 그러나 이는 사실을 지적한 것에 불과할 뿐, 그 의의를 서술하지는 못했다. 그래서 이 리포트에서는 이선의 문장이 목간에 습자된 의미를 살펴보았다.

하급관리

우선 이선의 상표문이 무엇에 기초하여 습자되었는가인데, 이러한 것이 단독으로 알려진 것은 부자연스럽다. 역시 『문선』 이선 주의 처음에 놓였던 것이 그 전거로 생각하지 않을 수 없다. 그렇다면 이 목간은 『문선』 이선 주의 일부를 쓴 것으로 보이고, 천평天平(729~749) 무렵에 『문선』이 흔히 읽혔다는 사실을 증명하는 확실한 증거일 수도 있다.

특히 주목되는 것은 이를 목간에 썼다는 점이다. 일반적으로 목간에 기록한 내용을 보면, 두 가지의 종류가 있다. 하나는 물건에 붙여서 내용을 가리키는 부찰付札로서의 쓰임이다. 이는 후세까지 행해졌다. 또 하나는 일시적인 기록이나, 전달·통신에 사용한 것이다. 이 경우는 대개 관청의 사무에 관련한 내용이다. 이같이 나무로 된 찰札을 사용한 것은 율령제하에서 특히 성행했던 것 같다.

이런 종류의 목간은 관청의 실무를 담당했던 하급관료들이 작성하였다. 습자나 낙서가 보이는 것은 대개가 이런 종류의 목간이다. 즉 목간에 습자나 낙서가 보이는 경우는 그 필자가 이러한 하급관료들로 보아도 무방하다. 정창원正倉院에 남아 있는 『문선』의 발췌에도 하급관료가 작성한 것으로 보이는 것이 있다. 이같은 여러가지 상황을 고려해 보면, 이 목간은 『문선』이 하급관료에게도 널리 친숙했다는 당시 저항을 잘 드러낸 귀중한 예라 할 수 있을 것이다.

이 리포트는 코지마 선생님의 추천으로 만엽집 연구의 학술잡지인 『만엽萬葉』의 76호에 게재되었다. 이 리포트는 짧지만 내가 쓴 목간에 관한 첫 논고가 되었다.

이어진 단편

그러나 여기에는 아직 더 이야기할 후일담이 있다. 내 논문이 『만엽』지에 게재되었을 무렵 나는 카리노 히사시 씨가 계신 헤이조궁터의 발굴조사부에 근무하게 되었다. 그런데 부장으로 계셨던 츠보이 키요타리坪井清足 씨가 우리들의 방에 들어오셔서 예의 무뚝뚝한 어조로 "그 나무껍질削屑은 하나의 목간을 깎아내린 것이 아닐까"라는 말씀을 불쑥 던지셨다. 실제로 깎은 껍질에서는 같은 자구가 몇 번이나 나왔다. 목간의 같은 부

분이 몇 번이나 깎인 것이 아닐까라는 생각을 하
게 되었다. 그리고 깎은 껍질이 실제 이어진다고
까지는 생각도 못 했지만, 반신반의한 마음으로
한 번 더 조사해 볼 작정을 했다.

　보통은 실물을 보는 것이 최상이다. 그러나 이
들 껍질은 비교적 초기 발굴에서 출토된 것이라
보존이 제대로 되지 않았다. 그래서 유리로 끼워
자연에 건조시킨 상태로 남아 있었다. 이 상태로
는 실물을 맞춰 보는 것은 불가능하다. 이에 따라
일단 실물 치수의 사진을 빌려 검토해 보았다. 그
결과 알아낸 것은 다음과 같은 것이다.

　먼저 이선 상표문의 습자로 보이는 껍질은 앞에
서 든 4점 이외에도 더 있어 전부 8점이다. 그 중
에 5점과 2점을 각각 한 그룹으로 접속시킬 수 있
었다. 특히 (1)·(2)·(4)를 포함하는 5개의 껍질을
이은 쪽은 전체 길이가 25㎝를 넘었고, 아래와 같
은 문면이 나타났다(그림 2, 길이 25.2㎝).

言, 臣善言, 竊以以道光九九野, 臣善言, 竊以道

　이를 보면, 하나의 목간에 이선의 상표문을 몇
번이고 반복해서 연습한 것을 알 수 있다. 목간의
자구가 이선 상표문의 일부일 것이라는 추정을 완
전히 뒷받침한 것이다. 깨지거나 끊어져서 따로따
로 발굴된 목간이 나중에 다시 이어지는 예는 그

그림 2 (奈良文化財研究所)

때까지도 희귀한 것은 아니었다. 그러나 엷은 껍질이 일부가 겹쳐서 접속되어 깎이기 전의 형태가 알려진 것은 이것이 처음이었다. 츠보이 씨의 조언이 뜻하지 않은 발견으로 이어졌던 것이다.

2. 『문선文選』을 읽는 사람들

낙신부洛神賦

내가 지금까지 쓴 것은 개인적인 추억에 치우쳤을 지도 모른다. 그러나 목간을 읽는다는 작업의 일단은 이를 누가 알아주지 않을까 하는 생각에서 출발한다.

위에서 다룬 깎은 껍질은 목간 중에도 중국의 본격적인 서적의 내용을 쓴 것이다. 이같은 목간이 존재한다는 사실을 주목한 것이 우선 다행이었다. 발견이라는 것은 신비한 것이다. 일단 발견되고 나면 점차 다른 부분에서도 비슷한 예가 늘어난다. 그래서 예비지식의 여부에 따라 목간을 보는 눈이 달라질 것이다.

이와 아울러 다른 목간에서도 습자나 낙서로, 책을 똑같이 옮기지는 않았다. 종이가 귀중했지만, 그러한 경우는 종이에 옮겨 적었다.

『문선』에 한해서 말하면, 그 후에 토호쿠東北지방의 아키타성秋田城터에서 『문선』의 「낙신부洛神賦」를 습자한 목간이 나왔다. 역시 같은 자를 반복해서 섰는데, 그 문면은 다음과 같다.

> 而察察察察察察察察察察之之之之之之之之灼灼灼灼灼灼若若　　　〔앞〕
>
> 若若若若若若夫夫夫藁藁藁出綠綠波波波醲醲醲醲　　　〔뒤〕

「낙신부」라는 것은 『삼국지三國志』로 유명한 위魏의 조조曹操의 아들 조식曹植이 낙수洛水에 산다는 여신女神과의 만남을 사륙변려의 미문으로 읊은 작품이다. 대부분이 낙수의 정령인 복비宓妃의 묘사로 채웠는데, 그 중에 다음과 같은 한 구절이 있다.

遠而望之, 皎若太陽升朝霞, 迫而察之, 灼若芙蕖出淥波, 襛纖得衷, 脩短合度
(멀리서 이를 바라보노라면 뚜렷하여 태양이 아침놀 속을 오르는 것과
같으며, 다가가서 보면 빛나서 연꽃이 물결을 헤치고 나오는 것과 같다.
매우 짙고 섬세하며 길고 짧음이 적합하다.)

낙수의 여신은 멀리서 보면 아침 안개 속을 오라오는 태양과 같고 가까이서 보면 녹색 파도에서 뻗어 나온 연꽃과 같으며, 살집과 키도 알맞다는 내용이다.

목간은 이 부분을 습자하고 있다. 글자에 이동異同이 보이는 것은 이를 쓴 사람의 오류라기보다는 텍스트의 차이에 기초할 것이다.

점과 선

이 목간은 우물 유적에서 발견되었는데, 그 연대는 다른 목간에 쓴 연기年紀로부터 8세기 후반 무렵으로 추정된다. 헤이조궁에서 나온 깎아낸 껍질과는 5년 정도밖에 차가 없는 시점이다. 이때 에미시의 전선기지이기도 했던 아키타성에서 『문선』을 연습하는 일이 행해졌던 것이다.

오해가 없도록 말하면, 이는 당시 지방문화 전반의 수준을 나타내는 것은 아니다. 습자의 주인공은 지방 출신의 관리였을지도 모르지만, 설령 그렇다 해도 지방출장소에 흘러들어간 중앙문화의 유행을 답습한 것에 지나지 않는다. 그래서 지방에 뿌리를 내린 문화가 여기서 얼굴을 내민

것이라고는 생각할 수 없다.

고대의 문화는 왕왕 '점과 선'의 형태로 지방에 전해진다. 이를 전달한 것은 중앙집권적인 체제 그 자체였다. 문화의 중심이 서서히 스며들어 자연스럽게 원을 넓혀가는 것은 반드시 아니다. 따라서 고대국가의 힘이 기울어지면 국부國府[2]나 국분사國分寺를 중심으로 번성했던 고도의 문화도 대개는 소멸되어 버린다. 아키타성 목간의『문선』에 역시 이러한 눈으로 바라볼 필요가 있다. 오히려 이 목간은 중앙의 관리들이『문선』에 대한 심취 정도를 역으로 뒷받침한다고 생각 해도 좋다.

통째로 암기

그런데 관리들에게 이만큼『문선』의 습자를 격려한 까닭은 무엇이었을까. 먼저 떠오르는 것은『문선』이 당시의 대학 교과서나 관리등용시험의 출제서가 될 만큼 중시되었다는 사실이다.

현재 전해지는 양로령養老令(718년)의 조문에는 대학 교과서로서의『문선』이름이 보이지 않는다. 그러나 대보大寶 원년(701)에 완성한 대보령大寶令[3]에는 영문令文의 주에『문선』이 들어간 것 같다. 헤이안시대에 이르러서도『문선』은 대학의 한 과정인 기전도紀傳道(나중에 文章道)의 중요한 교과

---

2) 여기에서의 '국國'은 '국가'를 의미하는 것이 아니라 고대에서 근세가지의 행정구획의 하나를 말한다. 대화개신大化改新(645) 이후에 전국을 직접 통치하기 위하여 국·군·리 3단계의 행정구획으로 편성하고 '국'에는 중앙관리를 파견했다.
3) 701년에 제정된 율령을 대보율령이라 한다. 오사카베친왕刑部親王·후지와라노 후히토藤原不比等 등이 편찬. 영(令)은 같은 해에, 율律은 이듬해에 시행. 율·령이 모두 갖추어진 최초의 법전으로 일본의 율령체제의 기본이 되었다. 757년의 양로율령養老律令 시행까지 사용되었다.

서였다.

한편, 관리등용시험에서는 진사과進土科 코스 응시자들에게 『문선』이 출제되었다. 등용시험 코스에는 이 밖에도 사변적인 논문을 과하는 수재과秀才科와 더불어 유교 경전을 묻는 명경과明經科, 율령의 해석을 요구하는 명법과明法科 등 3과가 있었다. 진사과는 이들 과목을 정책상의 논문으로 다루어 미문美文으로 쓰게 했다. 그리고 『문선』이나 『이아爾雅』라는 사전의 내용을 시험한다는 점에서 글재주가 요구되는 코스였다. 『문선』이나 『이아』에 관해서는, 출제한 문장 중에 몇 군데를 가린 다음 그 부분의 자구를 맞추게 하는 시험이었으므로 전문을 통째로 암기할 수 밖에 없었다. 원래 네 코스의 시험 중에 수재과는 정도가 너무 높아 합격자가 거의 없었고, 수험자도 거의 진사·명경·명법의 세 코스에 집중되었던 것 같다. 더욱이 명경·명법과의 합격자는 유학·율령학의 전문학자가 되는 것이 고작이었다. 그래서 관리로서의 장래성은 별로 높지 않았다. 그런고로 진사과는 관리등용시험의 중심을 차지하는 존재였다. 그 시험에서 『문선』의 암기가 요구되었다는 사실을 간과할 수 없을 것이다.

통째로 암기할 필요성은 지금의 감각으로는 불합리한 것처럼 들릴지도 모른다. 그러나 당시로서는 지극히 당연한 것이었다. 고대의 면학은 교과서를 우선 통째로 암기하는 것으로 시작되었다. 이는 근대 이전의 어느 나라에서나 마찬가지일 것이다. 해석을 익히는 일은 그 다음이었다.

『문선』의 의의

어떻든 율령정부는 문학서라고는 해도 『문선』이라는 서적에 특별한 의미를 인정하고 있었다. 고대의 일본이 모든 점에서 본보기로 한 당나라에도 이를 닮은 규정은 발견되지 않는다. 겨우 신라에 유사한 제도가 확인

될 뿐이다. 『문선』이 당나라의 지식인에게 결코 쉬운 서적이었다고는 생각되지 않는다. 이러한 서적은 교양으로 터득하는 것으로 이해했을 뿐 이를 직접 교과서로 삼거나 시험의 테마 따위로는 맞지 않다는 것이 중국인의 생각이었을 것이다. 교양서를 교과서로 하지 않으면 안될 만큼 이 문화를 받아들인 일본이나 신라의 후진성이 엿보인다고 할 수도 있다.

그러나 관리들 사이에 『문선』이 널리 퍼져 있었던 이유를 교과서나 시험의 문제에만 결부시켜 생각하는 것은 좋지 않다.

관리가 되는 길은 대학을 나와 관리등용시험에 통과하는 코스만은 아니었다. 오히려 이 길은 높은 학력을 필요로 하는 데 비해 좋은 성적을 얻어도 낮은 지위밖에 얻지 못하여 경원되기 십상이었다. 일반적으로는 토네리舍人 등 우선 관청의 실무를 마스터하고, 그 성적에 따라 승진하는 형태를 취했다. 대학의 학생이 되면 잡요雜徭라는 역역力役을 면제받는 특전이 있었는데, 토네리 등의 잡임雜任이 되면 잡요에 더하여 조調라는 물납物納조세도 면제된다. 이래서는 대학에 사람이 모이는 것이 이상하다. 설령 대학에서 관계官界로 들어가서도 시험을 꼭 치러야 한다면, 『문선』 학습의 의미는 떨어진다. 그래서 관리가 『문선』을 습자하는 것은 이해가 되지 않는다.

교양서

『문선』을 빌려 교양을 쌓는 일은 관리들에게 평소 필요했던 것이리라. 『문선』은 중국 남북조시대의 양梁에서 만든 서적인데, 거기에는 뛰어난 문장이나 시를 뽑아 수록했다. 양조梁朝의 궁정문학 살롱은 당시 미의식에 맞춰 선정한 중국문학의 일대 명작집이다. 이 미의식은 이후 오랫동안 영향력을 발휘하는 가운데 당대唐代의 중국에서는 특히 『문선』 연구의 융

성이 극에 달했다. 이선 주와 같은 뛰어난 주석이 나타난 것도 우연이 아니다. 이같은 이러한 배경 때문에 가능했던 것이다.

대체로 중국의 문이나 시는 고사·전거를 많이 인용한 것이 좋은 것으로 평가되었다. 『문선』의 시문은 그 의미로도 제1급이어서 시문을 만드는 데 절호의 모범을 제공했다. 반대로 시문을 해독하기 위해서는 『문선』에 익숙할 필요가 있었다.

나라시대의 일본에서도 사정은 마찬가지였다. 관리들이 가까이 접하는 공문서 등에도 격식을 차릴수록 『문선』에 나오는 문장의 스타일이나 내용에 가까워진다. 『문선』을 배운 학자관료가 기초했기 때문에 당연한 일이었을 것이다.

예를 들면, 나라시대 중반 후지와라노 나카마로藤原仲麻呂의 집정시대에 내린 조칙詔勅 중에 다음과 같은 구절이 나온다.

> 무릇 이윤伊尹은 유신有莘의 친애하던 신하로, 한번 성탕成湯을 도와 마침 내 아형阿衡의 호를 얻었다. 여상呂尙은 위빈渭濱의 유로遺老이며, 또한 문 왕을 도와 마침내 영구營丘의 봉封을 얻었다[4].

실력자 나카마로를 사실상의 수반인 대보大保(⇨右大臣)에 임명하면서, 당시의 준닌淳仁천황[5]은 그를 이윤이나 여상과 같은 중국 고대의 현신賢臣에 비유했다. 여상은 유명한 태공망太公望을 말한다. 그러나 조칙의 문장 그

---

4) 『속일본기續日本紀』 권21 천평보자天平寶字 2년(758) 8월 25일조. "其伊尹有莘之勝臣 一佐 成湯 遂荷阿衡之号 呂尙渭濱之遺老 且弼文王 終得營丘之封"
5) 733~765. 재위는 758~764. 나라시대 후기의 천황으로 후지와라노 나카마로에 의하 여 옹립되어 즉위. 나중에 나카마로의 실각에 의하여 폐위되어 아와지 국淡路國으로 유배됨.

자체는 『문선』 제40권과 제53권에 실린 자구를 교묘하게 연결하여 만들어낸 것이다. 이 정도가 아니라도 『문선』의 각권은 문이나 시를 만들거나 이해할 때 상당히 유용했음을 상상할 수 있다.

처음과 끝

흥미롭게도 지금까지 보고된 『문선』 관련 발굴품은 『문선』 60권 중에 나오는 처음과 끝 부분이 많다. 깎은 껍질에 나타난 이선의 상표문이 『문선』의 권두에 놓였다는 것은 이미 서술했는데, 아키타성 목간의 「낙신부」는 제19권에 있다. 그 외에 헤이조궁 목간이나 토기 중에는 『문선』의 권수만을 쓴 것도 있다. 그것도

文選卷第一
文選卷第三
文選五十六卷

과 같이 양끝으로 나뉜다. 또한 역시 토호쿠지방의 이사와성胆澤城터에서 옻이 물든 종이가 발견되었다. 거기에서는

文選卷第二

라는 글자가 발견되었다. 또한 출토품은 아니지만, 정창원의 고문서 중에 사경생寫經生이 이선 주 『문선』을 발췌한 것도 남았는데, 이는 제52권의 일부이다.

아무래도 나라시대 사람들은 『문선』을 전부 익히기보다는 처음과 끝을

배우는 데에 열심이었던 것처럼 보인다. 그렇다고는 해도 고대인이 성실하지 못했던 것은 아니다. 『문선』은 처음 3분의 1이 운문賦을 모은 부분, 중간의 3분의 1은 시, 끝의 3분의 1은 편지나 논문과 함께 추도문 등 각종 문장을 모은 부분으로 이루어졌다. 즉 문장이 부분적으로 자주 읽혔다는 것을 의미한다.

문장을 읽는 것은 몰라도 이국 말로 시를 짓는다는 것은 쉬운 일은 아니다. 중국에서도 교양이 낮은 사람들이 지은 시에는 운이 맞지 않은 것이 있다고 한다. 헤이안시대에 이르러서는 작시作詩인구가 증가했던 것으로 보이는데, 나라시대의 일본에서는 시를 짓는 것은 아직 특수한 지식인에 한정되었을 것이다. 『문선』의 학습이 보다 실용적인 문장 부분에 집중된 것도 무리가 아니었는 지도 모른다.

그 숫자가 늘었다고는 하지만, 『문선』 관계 목간이나 출토품은 아직 그다지 많지 않다. 그래서 앞으로의 발굴성과에 따라서는 지금까지 쓴 것도 다시 써야 할 데가 나올지도 모른다. 그러나 고대인의 책을 읽는 방법을 살피는 수단이 생긴 것은 목간이 가져다 준 커다란 공헌 중 하나라고 해도 좋을 것이다.

제 2 장

헤이조궁에 홀로 부임

1. 관청으로부터의 호출장

소문검文(⇨호출장)

소화 54년(1979)에 오노 야스마로太安萬侶의 묘지墓誌가 발견되었을 때, 그 문면에 나타난 '左京四條四坊'으로부터 나라시대의 관리의 주거지 등을 다시금 주목한 적이 있었다. 야스마로는 지금의 대장대신大藏大臣(⇨재무장관)에 필적하는 민부경民部卿을 역임한 고급관료이다. 그의 주거는 헤이조경 내의 동쪽에 가까운 지역이었고, 약 2.5㎞의 거리를 말을 타고 헤이조궁을 오갔을 것이다.

그러나 당시의 모든 관리가 야스마로처럼 경내에 주거를 가진 것은 아니었다. 그렇다면 어디에 살고 있었을까. 이에 관련한 흥미로운 목간이 헤이조경에서 출토되었다(그림 3, 길이 16.9㎝).

	津嶋連生石		春日椋人生村 宇太郡	
召急	山部宿祢東人 平群郡		三宅連足嶋 山邊郡	
	忍海連宮立 忍海郡		大豆造今志 廣背郡	〔앞〕

		和銅六年五月十日使葦屋	
刑部造兄人			
小長谷連赤麻呂 右九		椋人大田 充食馬	
小長谷連荒當 志貴上郡			〔뒤〕

이 목간은 9명의 인물을 소집하는 데에 사용한 호출장이다.

7~8세기에는 호출장을 목간에 쓰는 일이 널리 유행했던 것으로 보인

다. 후지와라궁이나 헤이조궁과 같은 도읍은 물론이고 지방에서도 비슷한 것이 발견되고 있다.

```
        ┌────────────────────┐
   召   │                    │
        └────────────────────┐
   人  │                    │            〔앞〕
        └────────────────────┘
```

```
                (部?)
   女召    付里正丈□麻呂                    〔뒤〕
```

이는 시즈오카현静岡縣 후지에다시藤枝市 미코가야御子ヶ谷유적에서 출토된 호출장인데, 이 유적은 스루가국駿河國 시다군志太郡의 군청 터로 추정하고 있다.

이같은 소문은 관청이 소속 관리를 호출하는 데에 사용된 것 같다.

```
                     若湯坐少鎌
   造酒司符          長等犬甘名事
                     日置藥                       〔앞〕
```

```
                     (參?)
   直者言從給,     狀知必番日向□               〔뒤〕
```

위의 목간은 정부의 양조소였던 조주사造酒司[6]가 기술자의 우두머리를 호출한 것이다. '부符'라는 명령서의 형식을 취하고 있다. 호출의 대상은 와카유에노 오카마若湯坐少鎌 · 이누카이노 나코토犬甘名事 · 헤키노 쿠스리日

---

6) 궁내성의 관할하의 관사로, 천황용이나 조정에서 사용하는 주酒 · 예醴 · 초酢의 양조를 담당한 관청. 헤이쿄궁에서는 궁궐 동쪽에 설치되었으며, 많은 우물이나 내부에 항아리를 앉힌 흔적이 있는 건물터 등이 발견되고 있다.

그림 3 (奈良文化財研究所)

置藥 등 3명이다. 비용은 신청한대로 줄 테니 근무에 해당하는 날에는 반드시 출두하라는 내용을 적었다. 출두한 관리가 관청까지 지참했던 것으로 보이며, 헤이조궁의 조주사 터에서 발견되었다.

다음의 헤이조궁 목간도 궁을 수비하던 병위兵衛⁷⁾를 병위부兵衛府의 본청으로 호출하기 위하여 병위부가 보낸 것이다.

府召　车儀猪養　右可問給依事在召，宜知　　　　　　　　〔앞〕

狀，不過日時，參向府庭，若遲緩科必罪 ^{翼　大志　小志}
　　　　　　　　　　　　　　　　　　　四月七日付縣若蟲　　〔뒤〕

문면에 "오른쪽에(⇨다음과 같이) 묻고자 하시는 일이 생겨 부르신다. 마땅히 문서를 알아 시일을 지체하지 말고, 부정府庭에 참상參上하기를 바란다. 만약 늦으면, 반드시 죄를 과할 것이다"고 되어 있다. 이를 받은 무기이카이车儀猪養라는 병위는 재빨리 출두했을 것으로 보이는데, 이 경우에는 목간을 본청으로 지참하지 않았을 수도 있다. 병위의 둔소屯所 터에서 출토되었다.

구두의 전달

처음에 들었던 목간도 아마 어느 관청에서 보낼 것이다. 사자使者나 출두한 사람이 헤이조궁까지 가지고 와서 버린 것으로 보인다. 일반적으로 중국이나 일본의 오래된 편지에는 문면이 간단한 예가 적지 않다. 이는 지참한 사자가 자세한 용건을 구두로 전하는 것을 전제로 했기 때문이라

---

7) 병위부兵衛府에 속하여 궁궐의 내곽 문을 수위하며, 행행行幸에 따르는 병사.

고 한다. 약간 사정은 다르지만, 이처럼 관청의 명칭도 없는 간단한 소문 이라도 사자가 지참함으로써 충분히 효력을 발휘했을 것으로 생각된다.

앞에서도 언급한 바와 같이 지금 남아 있는 소문은 목간에 쓰인 예가 압도적이고, 종이에 쓴 것은 극히 드물다. 이 역시 멀리까지 지참하고 다 니면서, 때에 따라 복수의 인물에게 보일 필요가 있었기 때문에 종이 대 신에 튼튼한 목간을 선택했을 것이다.

사마食馬를 충당하다

그런데 처음에 예로 든 목간은 이같은 한 소문召文에 지나지 않다. 이 호출장에는 다른 데는 없는 특색이 있다. 그것은 호출한 9명의 인물 중에 6명의 거주지가 명기되었는데, 그 거주지가 도읍으로부터 상당히 떨어진 것을 알 수 있다. 즉 헤구리군平群郡은 나라현과 오사카부大阪府의 경계에 가까운 헤구리정平群町과 이카루가정斑鳩町 부근, 오시우미군忍海郡은 콘고 산金剛山 기슭의 신조정新庄町 주변, 우다군宇太郡은 미에현三重縣 접경의 하 이바라정榛原町과 소니촌曾爾村 주변, 야마노베군山邊郡은 텐리시天理市과 츠 게촌都祁村 부근, 히로세군廣背郡(혹은 廣瀨郡)은 야마토大和분지 중부의 카와이 정河合町 주변, 시키노카미군志貴上郡(혹은 城上郡)은 사쿠라이시櫻井市 북부를 말한다.

같은 야마토국大和國 안이라고는 해도 헤이조궁으로 출근하기에는 대단 히 불편한 지역이라 할 수 있다. 이들 지역이 틀림없는 거주지인가에는 의심도 든다. 그러나 주거지 여부는 차치하고, 이 사람들이 각각의 장소 에 생활의 본거지를 두었다는 사실은 호출장에 적은 "사마食馬를 충당한 다"는 내용에서 명확해진다.

'사마'는 식량과 교통수단으로서의 말을 의미한다. 호출된 사람이 멀리 살 경우 이를 지급받았던 것이다. 정창원문서에 있는 다음과 같은 사경소寫經所의 소문김文을 보면, 이점이 더욱 확실하다.

(自署)

天平宝字四年九月廿七日　史生下道朝臣「福麻呂」

(自署)

外從五位下池原公　　　造東大寺司主典阿都宿禰「雄足」

원격지

　호출된 관리는 동대사 경내의 조동대사사 사경소의 사경생들인데, 휴가 기한이 지났는데도 귀임하지 않아 이 소문을 보낸 것이다. 즉 그들은 휴가를 얻어 본거지로 돌아가 있었던 사람들이다. 그러나 이 경우에 도읍지 안, 즉 헤이조경 내에 사는 사람에게는 식량만이 지급되었고, 헤이조경 바깥 사람에게는 식량과 승마가 공급되었다.

　이 문서는 나라시대도 중반을 넘은 시기의 것이다. 그 사이에 약간 시간의 공백은 보이지만, 관청으로 출두하라는 점에서는 같다. 그래서 대체로 비슷한 일이 행해졌다고 보아도 좋을 것이다. 그렇다면, 목간에 "식사와 말馬을 충당한다"고 명기한 사람들도 경외京外로 귀성했음에 틀림없다. 그리고 주기注記된 군명은 그 구체적인 장소로 보지 않으면 안 된다.

　이같은 호출 목간은 당시의 관리가 의외로 원격지에 생활의 본거지를 두었다는 사실을 일깨운다. 사경사의 소문으로 보아 헤이조천도 후 얼마 되지 않은 시기의 특수한 사정을 고려할 수 없을 것 같다. 이는 고대의 역사를 보는 데에 간과할 수 없는 일이기도 하다.

2. 독신생활의 번상관番上官

번상관

우선 이러한 형태의 생활을 하면서도 왜 도읍에 근무하는 관리가 될 수 있었을가라는 점부터 검토해 보자. 이를 위해서는 나라시대 관리의 근무제도가 어떠한 것이었나를 전반적으로 알아 둘 필요가 있다. 나라시대에는 율령제도에 입각한 정비된 관료기구가 조직되었다. 이 기구를 위하여 도대체 몇 명의 관리가 필요한가를 조사한 연구도 있는데, 이에 따르면 중앙의 관직만 해도 약 만 명의 사람이 필요했다고 한다. 관리는 크게 나누어 오늘날의 샐러리맨처럼 상근으로 6일마다 하루의 휴식을 받는 '장상관長上官'과, 교대근무제로 휴가가 부정기적인 번상관이 있었다. 번상관은 연간 근무일수가 140일을 밑돌면 승진에 지장을 받았는데, 비번에는 가업에 종사해도 상관이 없었다. 관리 중에는 최하층에 속하는 초위初位의 관위를 가진 자나 관위가 없는 자는 대부분 이 번상관에 속했다. 특히 번상관의 경우가 그랬지만, 그들은 이른바 단신부임을 할 수가 있었다.

한 번 다시 조동대사사造東大寺司 사경소寫經所의 예를 살펴보자. 여기에는 많은 사경생이 근무했는데, 그들의 대부분은 번상관이었다. 정창원 사경생들이 제출한 휴가원休暇願이 많이 남아 있다. 그런데 가장 많은 휴가 이유는 "질帙이 끝났다畢"이다. 즉 소정의 사경이 종료되었기 때문이라는 것이다. 이 경우 5일 정도의 휴가를 얻어 귀가했다. 그 기간을 지나도 상번하지 않는 사람을 호출한 것이 앞에서 본 소문이다.

주정廚町

이같은 사정이므로 반드시 도읍에 살지 않아도 괜찮았다. 상번할 때만 도읍에서 지내면 그만이었다. 이 때문에 사경소에는 단신의 사경생이 생활할 조건을 어느 정도 갖추었다. 사경소의 문서를 보면, 사경소에는 사경을 하는 작업장인 경당經堂을 우선 두었다. 그리고 경사經師 숙소와 휴게소, 주방, 욕실 등, 사경생의 일상생활을 위한 여러 시설이 있었다. 자택을 떠나 상번한 사경생은 할당받은 일이 끝날 때까지 여기서 숙식을 해결했던 것이다.

독신생활을 했기 때문에 불편한 점도 한두 가지가 아니었을 것이다. 그래서 앞에서 언급한 사경생의 휴가원에는 "더러운 옷을 빨리 위해"라는 사유도 보인다. 정창원문서 중에는 사경생 타카야노후히토 아카마로高屋史赤麻呂가 쓴 대우개선의 요구서가 있는데, 그 중에 매일 저녁마다 약용으로 술을 지급해 주기를 바란다는 색다른 항목도 보인다. 이는 자택을 떠나 외지에서 근무하는 사경생들에게 술이 유일한 즐거움이었음을 보여주는 사례일 것이다.

지금까지 언급한 것과 같은 사정은 단지 사경소에만 한정되는 것은 아니다. 이렇듯 비슷한 근무형태는 어떠한 관청에도 있었을 터이다. 사실 헤이안경에는 궁내에 근무하는 하급관리들의 숙소로 궁에 가까운 시가지에 각 관청이 따로 주정廚町을 설치했다. 이들 시설은 직주職住가 분리되었을 뿐 사경소의 경우처럼 숙소와 부엌 등을 갖추어 기능면에서는 다를 바 없었다. 나라시대에도 비슷한 형태로 각 관청이 주정을 두었는 지는 아직 확인하지 않았지만, 관청이 기능을 다 하기 위해서는 어떤 형태로든 유사한 시설을 마련했을 것이다.

앞의 목간에 나오는 호출된 사람들도 목간자료의 통례로 보아 아마도 하급관리이고 상번관이었을 가능성이 크다. 이들은 상번할 때에만 도읍에 나와 있었던 것이다.

본적지

그러나 모두가 도읍으로 나와 생활한 것은 아닐 것이다. 그렇다면 본거지를 옮기지 않은 관리는 얼마나 있었을까. 이에 대한 해답은 역시 목간에서 재미있는 단서가 보인다. 소화 40~41년(1965~66) 헤이조궁에서 대량으로 발견한 근무평정의 목간이 그것이다. 이런 종류의 목간의 성격이나 용도는 제5장에 서술하므로 여기에서는 생략한다. 그러나 이들 목간에는 관리의 본적지가 많이 나와 나라시대 관리들의 본적이 어느 방면인가를 자세히 알 수 있다. 키토오 키요아키鬼頭清明(1939~2001) 씨가 주로 정리한 내용을 옮기면 아래 표와 같다.

근무평정 목간에 나오는 관리는 모두 하급관리들이다. 특히 관위로 말하면, 8위 이하의 최하층 관리가 많다. 이 표에 따르면, 그들의 본적지는 압도적으로 헤이조경 주변 5개국에 많이 분포되었다. 그 비율은 51%에 이른다.

이는 어디까지나 본적지여서, 이들이 실제 거기 살았다는 보장은 없다. 나라시대에는 현재와 마찬가지로 가족의 일부가 호적지를 떠나 다른 지역에 사는 경우도 이미 보였다. 그러나 목간 등의 호출장을 보면, 적어도 하급관리에 관한한 도읍 바깥에 본거지를 둔 자가 있었던 것은 확실하다. 근무평정의 목간에 나오는 관리도 대부분 하급의 번상관이었다. 특히 이 5개국 출신자의 경우 그들의 본적지에 본거지를 둔 것으로 보아도 무리가 없을 것이다. 또한 원격지에 본적을 둔 자들도 도읍이 임시거처였던 것은 말할 필요도 없다. 표에 나타난 숫자가 글자그대로 실태는 아니지만, 대체적인 경향은 엿볼 수 있다고 생각된다. 실제로는 조금 더 많겠지

좌경左京	10(5%)	아스카베군安宿郡	2	스루가국駿河國	1
우경右京	22(10%)	오가타군大縣郡	3	이즈국伊豆國	1
		타카야스군高安郡	6	사가미국相模國	1
야마토국大和國	30(14%)	맛타군茨田郡	1	무사시국武藏國	1
소후노카미군添上郡	1	카타노군交野郡	1	카즈사국上總國	3
소후노케군添下郡	1	와카에군若江郡	2	시모우사국下總國	3
헤구리군平群郡	2	시키군志紀郡	3	히타치국常陸國	3
히로세군廣瀬郡	2	타지히군丹比郡	2	오미국近江國	11
카즈라노카미군葛上郡	2	군 미상	11	미노국美濃國	3
오시우미군忍海郡	1			시나노국信濃國	2
요시노군吉野郡	2	이즈미국和泉國	5(2%)	미치노쿠국陸奧國	2
시키카미군城上郡	3	이즈미군和泉郡	3	와카사국若狹國	2
시키노케군城下郡	1	군 미상	2	노토국能登國	1
타카치군高市郡	1			엣추국越中國	1
토호치군十市郡	1	셋츠국攝津國	17(8%)	탄바국丹波國	2
야마노베군山邊郡	1	스미요시군住吉郡	1	탄고국丹後國	1
군 미상	12	쿠다라군百濟郡	2	타지마국但馬國	3
		니시나리군西成郡	4	하리마국播磨國	4
야마시로국山城國	22(10%)	테시마군豊島郡	2	비젠국備前國	3
오토쿠니군乙訓郡	1	카와베군河邊郡	1	빙고국備後國	1
카도노군葛野郡	2	우바라군菟原郡	1	아키국安芸國	1
오타기군愛宕郡	10	군 미상	6	스오국周防國	1
우지군宇治郡	1			키국紀伊國	2
사가라군相樂郡	1	(畿外)		사누키국讃岐國	1
군 미상	7	이가국伊賀國	2	이요국伊子國	2
		이세국伊勢國	2	히젠국肥前國	1
카와치국河內國	36(17%)	오와리국尾張國	2		
니시고리군錦部郡	1	미카와국三河國	5		
후루이치군古市郡	4	토토미국遠江國	5		

만, 하급관리 중에 생활의 본거지를 도읍에 둔 경우는 약 15%정도에 이른다.

정비된 율령제도와 그 관료제를 볼 때 이를 액면 그대로 받아들이기가 쉽다. 도읍의 번영 상을 보면 더욱더 그렇다. 목간의 호출장은 이러한 표면에 감추어진 실태를 생각하는 계기가 될 것이다.

3. 천도를 가능케 했던 것

임시거처

지방 관리의 경우 목간에서 밝혀진 관리생활의 일면보다 현실은 더 큰 문제로 이어진다. 이는 고대에 빈번히 되풀이되었던 천도遷都와 관련이 깊다. 천황의 주거만 옮겨 다녔던 6세기 이전은 차치하더라도 천황의 주거 주변에서 어느 정도의 의식儀式이 베풀어졌던 장소나 관청이 부속되는 7세기 이후에도 궁을 옮기는 가운데 도읍을 천도하는 큰일은 헤이안 경 천도까지 몇 번이나 반복되었다. 궁궐과 관청가를 포함한 궁富을 조방條坊에 따라 구획한 경京에 부속시킨 이후 부작용도 뒤따랐다. 본격적인 중국풍의 도읍이었던 후지와라경이나 헤이조경 조차 16년에서 3·40년에 이르는 단기간에 폐도廢都로 전락했던 것이다. 헤이조경을 이은 나가오카경은 불과 11년이라는 단명을 누린 도읍이었다.

이토록 빈번한 천도를 가능케 한 원인은 무엇이었을까. 고대의 도읍은 경제가 발달에 따라 자연스럽게 성립된 도시가 아니라, 인위적으로 설정된 정치도시였기 때문이라는 것이 일반적인 대답일 것이다. 이는 옳겠지만, 수도에 필요한 모든 귀족과 관리를 한군데로 모아서 살게 하는 지극히 인위적인 도시 설계는 그 자체가 바람직하지 않다. 정치의 실무를 담당하는 하급관리의 대부분은 도읍을 임시거처로 여겼다. 오히려 생활의 본거지는 도읍을 둘러싼 주변의 몇 개국에 분산되어 있었던 것이다. 도읍이 야마토, 나니와難波, 야마시로山城 주변으로 이동하는 경우는 관리들이 커다란 불편을 느끼지 않았다. 아무리 정치도시라고는 해도 거기 사는 사람들이 생활의 기반을 그 도시에 두었다면, 수도를 자꾸 옮기는 일은 불가능했을 것이다. 헤이안경 이전의 도읍이 어지러울 정도로 바뀐 커다란 원인 중의 하나는 위에서 본 것처럼 관리의 생활기반과 밀접한 관계가 있다.

귀족의 거주지

이같은 주장은 주로 하급관리를 근거로 한 것이다. 그러나 귀족들도 하급관리와 본질적으로 크게 달랐던 것은 아니다.

도읍이 바뀌면, 새로운 도읍지에서는 먼저 택지의 반급班給이 확실하게 이루어졌다. 귀족들은 관직이나 관위에 걸맞는 택지를 분여 받았다. 따라서 택지의 반급은 천황의 천어나 시장의 이전과 함께 도읍 정비의 지표가 되는 사건이라 해도 과언이 아니었다. 그래서 『일본서기』나 『속일본기』[8] 에는 후지와라경이나 나니와경難波京[9] 조영, 호라경保良京으로의 천도를 둘러싼 택지 반급을 다룬 기사가 나온다. 이 점에서 귀족들도 도시생활을 강제당했다는 것을 말해도 좋을 것이다.

그러나 적어도 나라시대까지의 귀족은 순수한 도시생활자가 아니었다. 다분히 생활기반을 그들의 본거지에 남겨둔 존재였다는 사실이 소노다 코

---

8) 육국사六國史(⇨나라 · 헤이안시대에 조정에서 편찬된 여섯 편의 정사. 『日本書紀』, 『續日本紀』, 『日本後紀』, 『續日本後紀』, 『文德實錄』, 『三代實錄』)의 두 번째. 연력延曆 13년(794) 성립. 제42대 몬무文武천황이 즉위한 몬무 원년(697)에서 제50대 칸무桓武천황의 연력 10년(791)까지를 한문의 편년체로 기술한 것이다.

9) 나니와에 조영된 도성. 오사카시大阪市에 7세기 중엽에서 8세기에 걸친 2시기의 도성 유적이 있다. 전기 나니와경은 효덕孝德천황 때의 나니와 나가라노토요사키궁長柄豊碕宮으로 보이며, 후기 나니와궁은 성무聖武천황 때에 정비된 것. 744년에 황도皇都로 되었으나, 이듬해 시가라키궁紫香樂宮으로 천도했다.

유蘭田香融(1929~) 씨의 연구로 밝혀졌다. 이른바 그들에게는 돌아가야 할 '고향'이 있었다는 것이다. 예를 들면 『만엽집萬葉集』[10]에 오토모노 사카노우에노이라츠메大伴坂上郎女(696?~750~?)[11]가 부른 다음과 같은 노래에서 고향을 그리는 심사가 보인다.

얼마 되지 않는 오백 대代의 작은 논을 수확하며 임시거처에서 지내자니,
서울이 그리워지네.(권8 · 1592)

"얼마 되지도 않는 오백단(10段=1헥타르) 정도의 논을 추수하느라 논 위에 만든 움막에 있으니 나라가 그립다"는 내용이다. 이는 사카노우에노이라츠메가 도읍의 남쪽에 자리했던 오토모 씨의 장원庄園(⇨중세시대 장원莊園의 선구형태)인 타케다 장竹田庄에서 도읍에 사는 오토모노 야카모치에게 보낸 노래이다. 때는 천평 11년(739) 9월이다. 사카노우에노이라츠메는 수확의 감독으로 타케다 장으로 내려가 머물렀던 것이다. 타케다 장은 지금의 나라 현 카시와라 시 소재의 미미나시 산耳成山 서북쪽에 있었다. 이 장원은 귀족이 현지에서 연공과 역역力役을 징발한 후세의 이른바 장원莊園 같은 것은 아니었다. 또 하나의 토미 장跡見庄(나라 현 사쿠라이 시)과 함께 오토모 씨가 예로부터 근거지로 삼아온 땅이다. 이같은 장원은 귀족의 저택에 필요

10) 8세기 후반에 오토모노 야카모치大伴家持(718~785)에 의하여 편찬된 현존하는 일본 최고最古의 와카집. 20권 4500수로 이루어져 있으며, 4세기에서 8세기까지의 300여년에 걸친 긴 기간 동안의 노래가 수록되어 있다.
11) 오토모노 타비토大伴旅人(665~731)의 이복동생이며, 오토모노 야카모치의 숙모이자 장모. 천평 원년(729)에 다자이부大宰府로 하향하였으며, 2년(730)에 귀경한 후 오토모 일족의 안주인이 된다. 『만엽집』의 여류가인 중 가장 많은 작품을 남겼다. 소재도 다양하며 재기발랄한 작풍은 야마모치를 비롯한 후세의 가인들에게 커다란 영향을 미쳤다.

한 물자의 공급원으로서 기능했다.

폐도廢都의 슬픔

『만엽집』의 가인인 타노베노 사키마로田邊福麻呂(?~748~?)는 천평 13년 (741)에 도읍이 나라平城에서 쿠니恭仁로 바뀌었을 때 황폐해진 헤이조경을 슬퍼한 장가長歌에서

> 대궐에 출입하는 관리들이 밟고 지나다녀 다져놓은 길은 말도 지나가지
> 않고 사람도 지나다니지 않아 황폐해졌네(만엽집 권6 · 1047)

라고 하였고, 쿠니경이 폐도가 되었을 때도 다음과 같은 노래를 지어 슬픔을 토로했다.

> 미카 들판의 쿠니경은 황폐해졌네, 관인들이 떠나가서(권6 · 1060)

사키마로의 눈에 비친 풍광은 어제와 다른 도읍의 극단적인 황폐함이다. 이는 당시의 도읍이 얼마나 인위적인 것이었나를 잘 나타내는 노래라고 할 수 있을 것이다.

도읍으로 이관移貫

그러나 고대의 도읍은 헤이안 초기를 경계로 커다란 변화를 이루었다. 그 가장 현저한 예는 그때까지 도읍 밖에 본적을 두었던 하급관리들이 도읍 안으로 본적을 옮긴 것이다. 그 시작은 연력 15년(796)에 신청을 허가받

은 야마토 국 사람인 오에 아손나가토大枝朝臣長人와 코치 국 사람인 오에
다 아손우지마로大枝朝臣氏麻呂 등이다. 그들은 이미 도읍에 정착했을 지는
모르지만, 어떻든 절차를 거쳐 정식으로 도읍 주민이 되었다. 이어 백 년
도 안 되는 동안 거의 같은 신청이 100건 이상이나 밀려들어 본적의 이전
즉 이관移貫이 허가되었다. 이 100년 정도는 관리층이 도읍으로 이관한 세
기였다고 해도 좋을 것이다.

귀족의 동정은 명확하지 않다. 그러나 완전한 도시귀족화로의 움직임
이 시작되었던 것은 아닐까. 정관貞觀 15년(873)에는 황자인 나가미치長猷
등에게 미나모토源 씨라는 성을 내려 좌경左京 1조 1방에 그 본관을 부여
했다는 사실(『삼대실록三代實錄』 같은 해 4월 21일조)이 보인다. 이는 명목상이라고
는 해도 헤이안경이 글자 그대로 귀족들의 고향으로 변화하고 있음을 암
시하는 것 같다.

헤이안경이 단순히 인위적인 정치의 중심에서 벗어나 도읍으로 차츰
자리잡기 시작한 데는 유통경제의 중심으로 변화한 결과가 반영되었을
것이다. 나라시대의 일본에서는 화폐 또는 물품화폐로 필요한 물자를 모
두 입수가능할 만큼 경제가 발달하지 못했다. 율령정부의 관리는 관직이
나 관위의 상하에 관계없이 모두가 정부로부터 급여를 받았다. 이 점은
오늘날의 샐러리맨과 같은데, 그 급여는 시絁·면綿·베布·가래鍬와 같은
현물급여가 주류를 이루었다. 이 급여는 또한 일반으로부터 징수한 현물
조세로 충당되었다. 이 물품들 중에는 물품화폐의 역할을 하는 품목도 포
함되어 헤이안경이나 나니와를 중심으로 하는 지역에서는 급여·조세 물
자를 거래하는 시장도 생겨났다. 그러나 도읍의 주변 지역의 상업은 아직
미숙한 단계에 머물러 있었다. 8세기 전반경에는 어떠한 관리도 생산에
관여하지 않으면 살아갈 수 없었을 것이다.

그러나 8세기를 통틀어 이같은 상황은 서서히 변화되었다. 급여의 재원

인 현물조세가 열악해지고, 현물조세의 체납이 늘어났다. 그런데 이와는 정반대로 유통경제가 발달하여 상품의 종류와 양이 증가하는 현상이 일어났다. 이는 급여를 받는 관리들에게는 취약한 기반이 되었지만, 유통경제에 편승하여 도읍에 본거지를 두는 편이 유리한 조건으로 작용했던 것이다. 헤이안경이 도읍으로 제자리를 잡은 가장 커다란 원인은 이상과 같은 사회변화에서 찾을 수 있을 것이다.

헤이안경 목간이 호출장에서 출발하여·다소 테마가 넓어졌는 지도 모른다. 그러나 이같은 검증을 거쳐 나타난 한 장의 호출장에도 나라시대의 사회상이 선명하게 드러나는 것을 알 수 있다.

제 3 장

유제품을 먹은 고대인

乳製品

1. 소蘇란 무엇이었을까

하찰荷札

고대의 도읍지 터에서 발굴한 목간에는 지방에서 거둔 세수 물품에 붙인 하찰이 적지 않다. 나라조 전후에는 앞에서도 기술한 바와 같이 유통경제가 아직 발달하지 못한 터라, 정부가 필요로 하는 물자는 직접 세로 거두어들이는 것이 보통이었다. 양로령養老令의 부역령賦役令이나 10세기 전반에 편찬한 『연희식延喜式』(民部省, 主計寮)을 보면, 율령정부가 전국의 민중에게 어떠한 물품을 부담시켰는가를 대체로 알 수 있다. 그 내용은 섬유제품이나 식품, 공예품, 각종 원료품 등 실로 다채롭다.

그러나 목간 출토에 따라 지방에서 거둔 조세에 붙은 하찰이 실제로 알려져 획기적인 사건으로 받아들이게 되었다. 그 이전까지 섬유제품에 대해서는 부담자의 본적지나 이름 따위를 쓴 명銘이 정창원 소장의 베布와 시絁에서 보였다. 목간의 하찰도 기본적으로는 이들과 같은 성격의 것이었다. 조세부담의 책임을 명확히 하기 위해 부착한 표지였다. 그러나 숫자가 정창원의 명과 비교가 되지 않을 정도로 많았고, 조세의 종류도 섬유제품에 고정하지 않을 만큼 실로 다양했다. 동일한 조세라도 포 따위처럼 직접 명을 쓸 수 없는 물품에는 하찰을 사용했던 것이다.

소蘇(⇨연유)

헤이조궁에서 발견한 이런 종류의 하찰에는

近江國生蘇三合(그림 4, 길이 5.5㎝)

그림 4
(奈良文化財研究所)

이라고 쓴 것이 있다. 길이 5.5㎝, 폭 0.9㎝의 극히
작은 하찰이다. 소蘇라는 것은 유제품의 일종이다.
이 하찰은 소가 오미국(지금의 시가滋賀 현)에서 중앙으
로 공진되었음을 나타내고 있다. 소를 각지에서 징
수한다는 제도는 앞의『연희식』에도 자세히 나왔는
데, 동일한 제도가 나라시대부터 시행되었다는 사실
을 이 하찰에서 알 수 있었던 것이다.

그러나 목간과『연희식』의 제도는 조금 다른 점이
있다.『연희식』에서는 그냥 '소蘇'라고 썼지만, 목간
에서는 '생소生蘇'라는 말을 썼다. 또한『식』에서는
되升단위로 항아리에 넣어 납부하는 규정인데, 목간
에서는 보다 작은 3홉合단위로 표기되었다. 이 차이
는 무엇에 근거하는지가 문제이다. 이는 잠시 제쳐
두고, 소가 어떠한 것인지 우선 명확히 해 두자.

나라시대에 유제품을 섭취했다면, 이상하게 들릴
지도 모른다. 그러나 음식사 쪽에서는 잘 알려진 사
실이다. 농경이나 어업을 주요한 산업으로 여겼던
일본의 본래 습관은 아니었다. 원래 중국 북방의 유목민 식생활이 중국과
조선을 거쳐 고대 일본에도 영향을 미친 것이다.

이는 그리 오래된 것은 아닌 듯한데,『신찬성씨록新撰姓氏錄』이라는 헤이
안 초기의 서적에는 흠명조(6세기 중엽)에 조선에서 건너온 지총智聰이라는
인물의 아들이 효덕조(645~655)에 우유를 헌상하여 성을 야마토노쿠스리노
오미和藥使主라고 하사받았다는 기록이 나온다. 그리고 동족인 야마토노쿠

스리노오미 후쿠츠네和藥使主福常가 젖소 사육과 착유를 지도하는 직위에 임명된 것도 효덕조의 일이라는 기록이 있다. 이들 기록을 그대로 믿는 것은 위험할 수도 있다. 그러나 우유를 마시는 식습관이 예부터 시작되었다면, 이러한 기록 그 자체에 아무런 의미가 없다. 그래서 어느 정도 사실에 가깝다고 생각해도 좋을 것이다.

헤이안시대 전기의 법제서인『정사요략政事要略』에 따르면, 문무천황 4년(700) 10월에 사신을 파견하여 소를 만들게 했다는 기록이 보인다. 이러한 경우도 소를 만들기 시작한 초기의 기록으로 믿어도 좋을 듯하다.

그런데 고대 일본에서 확실하게 섭취한 유제품은 우유 그 자체와 더불어 목간에 보이는 연유와 낙酪 등이다. 이 무렵에는 젖을 짜는 양羊도 건너왔을 것으로 생각되지만, 양젖을 섭취했다는 기록은 없다.

소蘇 만드는 방법

그런데 소가 무엇을 가리키는지에 대해서는 지금까지 여러 설이 나와 있다. 요구르트설, 콘덴스밀크설, 버터설, 치즈설 등등이다. 소의 제법은 일본 문헌에서는『연희식』民部省式上에 나온다. 그리고 중국에서는 위魏대에 가사협賈思勰이 저술한 농서『제민요술齊民要術』와 명明대에 편찬한『본초강목本草綱目』에 자세히 기록되었다. 아울러『제민요술』을 비롯한 중국의 서적에는 '蘇'를 '酥'라고 쓰는 경우가 많다. 이는 서로 같은 글자로 사용되었을 뿐이고, 의미의 차이는 없다.

중국과 일본의 서적에 보이는 소의 제조법은 반드시 일치하지 않는다. 이를 정리하면 다음 세 가지로 요약된다.

　(1) 우유를 끓여서 10분의 1로 한다(『연희식』).

(2) 우유를 약한 불에 달이는 동안 줄곧 국자로 퍼 올리는 듯한 동작을 한
다. 섞으면 안 된다. 이것을 잠시 그릇에 옮겨 놓고, 위에 퍼진 유피乳皮
를 걷어서 만든다(『제민요술』).

(3) 우유를 통에 넣어 한나절 정도 찧으면, 초말焦沫(황갈색 거품?)이 생긴다.
이것을 떠내서 달인 다음 탄 껍질을 제거하면 소가 된다(『본초강목』).

　(1) · (2)는 우유(혹은 젖)를 끓여서 만든다는 점에서 비슷하다. 여기에 (3)
을 포함시켜도 제법 차이는 나지만, 성분에는 공통성이 있기 때문에 이를
소라 불렀을 것이다.

　소를 여러 가지로 말하기보다는 가능한 방식을 빌려 실제 만들어 보면
명확해진다.

소 만들기

　이전에 내가 근무했던 대학에서 내 강의를 듣는 이케야마 노리유키池山
紀之라는 학생이 있었는데, 소를 실제로 만들어 보고 싶다고 했다. 나는
화학 선생님의 지도도 받아보라고 권고했고, 문헌적인 방면에서 이 실험
적 연구를 돕기로 했다. 그리고 나서 완성한 '소'를 시식했을 때 느꼈던
차고 단 맛은 지금도 잊지 못한다.

　이케야마가 취한 방법은 이렇다.

　우선 전술한 (1)에 상당하는 방법으로 우유를 10분의 1 분량이 될 때까
지 가열 농축했다. 이 경우 증발을 촉진시키는 의미에서 로터리에버포레
이터를 사용했다. (2)의 경우는 증발접시에 우유를 넣고 가열하여 피皮는
생기는 대로 제거해 간다. (3)에서는 자기교반기磁氣攪拌機를 사용해서 섞었
고, 발생한 거품을 떠내어 역시 증발접시에다 가열했다.

(1)~(3)의 방법을 그대로 하면서, 시간이 걸리는 부분은 실험기기의 도움을 빌렸던 것이다. 또한 실험에 사용한 우유는 음료에 적합하도록 가공한 시판용을 피했다. 이케야마는 근교의 목장에서 짠지 얼마 안 된 원유를 받아 왔다. 그리하여 다음과 같은 실험 결과를 얻어냈다.

완성된 소

(1)에서 생기는 소는 요컨대 우유에서 수분을 증발시켰을 뿐이다. 현재 후생성 규격에서 말하는 '농축유'(크림 내지 콘덴스밀크)라고 말할 수 있다. 색깔은 옅은 황색이며 약간 달고 기름기가 돈다.

(2)에서 생기는 것도 (1)의 소와 성분적으로 거의 변함이 없다. 다만 천천히 교반하므로 보통은 140℃에 굳는 카제인도 여기에 포함된다. 겉보기나 맛은 (1)과 닮았다.

(3)에서 생기는 소는 (1)(2)와 조금 다르다. 우선 (3)의 방법을 따라가자, 우유가 두 층으로 나뉘었다. 상층은 하얀 거품과 하얀 액, 하층은 투명하고 흰 액이다. 하얀 거품이라는 것은 『본초강목』에 나오는 '황갈색 거품'이라는 것과는 다른데, 이는 불순물 등이 들어갈 여지가 시험작업에서는 거의 없었기 때문일 것이다. 어떻든 이 경우의 상층은 약간 달지만, 거의 무미하고 산미를 가지는 반유동체이다. 물 같은 액체인 하층은 달고, 우유 냄새가 난다. 이같은 외견과 당도로부터 상층은 크림이고, 하층은 스킴밀크라고 판단된다. 상층의 물질을 걷어서 가열하자 황색을 띠었고, 소기름 냄새가 풍겼다. 이는 기름기가 풍부하고 식으면 고형이 되고, 먹으면 버터맛이 난다. 이 물질은 크림에서 수분이 더 증발한 것이다. 당도가 많지만 버터와 많이 닮았다.

낙酪

결국 소라는 유제품은 이같은 크림과 콘덴스밀크나 버터 따위를 총칭한 것이다. 다만 이들은 발효라는 과정을 거치지 않았다는 공통점을 지녔다. 우유의 중요한 가공법에는 열처리를 하는 것과 발효라는 두 가지 방법이 있다. 중국이나 일본 문헌에 보이는 '낙'은 발효시켜 만든 유제품이다. 『제민요술』에 따르면, 낙을 만드는 방법은 이렇다.

소를 취한 나머지의 우유를 따뜻한 상태로 유지시키면서, 여기에 이미 가지고 있던 낙을 '효모'로 조금 넣는다. 이를 그대로 보온하면, 다음날 아침에는 낙이 완성된다. 낙이 없을 때는 쉰 밥을 효모로 써도 상관없다.

소를 취한 후라도 남은 우유에는 아직 단백질이 많이 포함되었다. '효모'를 넣는 데서 알 수 있는 것처럼 그 단백질을 유산 발효시킨 것이 바로 낙일 것이다. 낙도 아마 고대 일본에서 제조되었을 터이다. 적어도 낙을 수입에 의존한 듯한 증거는 없다. 이같은 낙에 대비되는 유제품이 넓은 의미의 소였다고 생각하면, 무리가 없다.

낙에서 만들어 낸 소

다만 조금 복잡한 것은 앞에서 생략한 『제민요술』에 나오는 소를 만드는 한 가지 방법이다. 이 문헌에는 낙에서 소를 만드는 방법이 실려 있는 것이다. 낙이 발효시킨 것이라는 인식으로 보면, 거기서 소를 얻는 것은 모순되는 일 같기도 하다.

그러나 만드는 법을 자세히 들여다 보면 반드시 모순이라고 할 수는 없다. 낙에서 소를 취하는 데에는 낙을 항아리에 넣어 두고 국자를 넣어 퍼 올리는 동작을 계속 한다. 이같은 동작을 일정시간 반복하다가 더운물을 붓고 계속 저으면 소가 떠오르고, 이때 찬물을 넣어 다시 반복한다. 소가 표면을 덮게 되면 다시 찬물을 붓고 소가 응고되는 것을 기다리는 것이다.

즉 이 방법으로 얻어낸 소는 낙의 표면에 떠올라 찬물에서 굳는다. 그래서 지방분 중심의 버터와 같은 유제품으로 보인다. 발효되는 것은 유단백이므로 발효된 낙이라도 그와 관계없이 지방분은 추출할 수 있는 것이다. 따라서 낙에서 소가 생겨도 조금도 이상하지 않다고 말할 수 있다. 소는 크림을 비롯 콘덴스밀크와 버터같은 종류라는 인식에 모순되지 않는다.

소를 문헌상의 검토나 실험을 거쳐 우리가 도달한 결론은 이와 같은 것이다. 다만 실험실에서 만들어낸 소여서 고대의 소와는 다소 맛이 다를지도 모른다. 고대의 소는 불순물을 많이 포함한 보다 복잡한 것이었으리라. 그러나 실험실의 소로도 기본적인 맛은 충분히 알 수 있었다는 생각이 든다. 이케야마의 열성으로 고대인의 소의 맛을 실제로 보았다는 사실은 참으로 귀중한 체험이었다.

2. 공진貢進된 유제품

공소번차貢蘇番次

그런데 목간에 나타나는 "近江國生蘇"를 어떻게 이해하면 좋을까. 이미 언급한 바와 같이 소는 상당히 넓은 의미로 사용되었으므로 '生蘇'도 마찬가지로 그 범위 안에 포함되는 것은 확실할 것이다. 『연희식』에 나오는 소 만드는 법은 크림이나 콘덴스밀크를 만드는 일이다. 일본에서는 『제민요술』 따위에 실린 것처럼 버터 같은 소를 만들었다는 확실한 증거는 없다. '소' '생소'라는 용어는 버터와는 달리 농축유를 가리킨다고 생각할 수 있을 것 같다.

다음으로 오미 국에서 소가 공상되었다는 점인데, 이는 특별히 오미 국의 산물이었다기 보다는 전국에 매겼던 봉납의 하나였던 것이 틀림없다.

『연희식』에서는 각 지방에서 소를 공상하는 순서를 정한 '공소번차貢蘇番次'라는 제도가 보인다. 그 상황은 다음과 같다.

축·미丑未 해   이세伊勢·오와리尾張·미카와參河·토토미遠江·스루가駿河·이즈伊豆·카이甲斐·사가미相模

인·신寅申 해   이가伊賀·무사시武藏·아와安房·카즈사上總·시모사下總·히타치常陸

묘·유卯酉 해   오미近江·미노美濃·시나노信濃·코즈케上野·시모츠케下野·와카사若狹·에치젠越前·카가加賀

진·술辰戌 해   노토能登·엣추越中·에치고越後·탄바丹波·탄고丹後·

타지마但馬 · 이나바因幡 · 호키伯耆 · 이즈모出雲 · 이와
미石見

사 · 해巳亥 해　다자이부大宰府(큐슈 각 지방)

자 · 오子午 해　하리마播磨 · 미마사카美作 · 비젠備前 · 빗추備中 · 빈고備
後 · 아키安芸 · 스오周防 · 나가토長門 · 기紀伊 · 아와지淡
路 · 아와阿波 · 사누키讚岐 · 이요伊予 · 토사土佐

소의 경비

헤이안시대 전기에는 거의 전국에서 소를 진상시켰는데, 이와 비슷한 체제는 나라시대부터 시작했던 것 같다. 이는 나라시대의 정세장正稅帳 기록에서 확인된다. 정세장은 율령제를 시행한 이후 전국에서 중앙으로 보고되는 지방재정의 결산서이다. 그 중에 예를 하나 들면, 다음과 같은 형태로 소를 공상하는 데 소요된 비용이 보고되었다(천평 10년 타지마 국 정세장).

例에 따라 蘇 伍壺를 만듦大二小三　乳牛 壹拾參頭 乳를 取하기를 廿日

單 貳伯陸拾頭, 秣稻 壹伯肆束 牛別로 날마다 四把

소를 다섯 항아리 분 만들기 위하여 젖소를 13마리 사용한다. 13마리에서 20일간 젖짜기를 했기 때문에 연 마리 수는 260마리에 이른다. '單' 이라는 것은 이와 같은 총 숫자를 나타내는 용어이다. 그 동안의 사료를 충당하기 위하여 요구되는 벼는 104단이었다. 소 1마리 당 하루에 벼 4파把를 요한다는 계산이다. 정세장의 기사 내용을 알기 쉽게 말하면, 대체로 이런 것으로 요약 된다. 평소의 사료는 풀이지만, 젖을 짜는 동안은 쌀 · 콩을 먹었던 터라 위에 나오는 내역은 그 지출이다.

아울러 같은 정세장에는

蘇伍壺 担夫壹人

라는 지출항목도 들었는데, 결문에 따라 자세한 내용은 알 수 없다. 그러
나, 소를 도읍으로 수송하는 인부가 고용되었고, 그들의 임금이 벼로 지
출되었다는 것을 알 수 있다.

대칭大稱 · 소칭小稱

또한 천평 6년(734)의 오와리국 정세장이나 천평 10년(738)의 스오국 정
세장을 보면, 위의 기사에는 없는 항아리의 크기가 실려 있다. 커다란 항
아리는 3되들이, 작은 항아리는 1되들이였다고 한다. 아마도 이것이 공통
된 규격이었을 것이다.

하지만 『연희식』에 보이는 항아리의 크기는 이들과는 다르다. 큰 것은
대 1되, 작은 것은 소 1되를 넣었다는 것이다. 그러나 이는 표현이 다를
뿐이고, 실제로 차이는 없는 것같다.

고대의 눈금에는 대칭과 소칭의 구별이 있었다. 소칭에서 말하는 눈금
은 대칭의 경우의 3분의 1이다. 즉 동일한 1되라고는 해도 대1되는 소1되
의 3배가 되는 것이다. 그래서 『연희식』과 같은 대1되와 소1되라는 표현
을 소칭으로 통일하면 어떨까. 대1되는 소3되로 치환해도 된다. 정세장은
소칭으로 3되가 1되라고 한 것에 지나지 않는다. 소칭은 약을 다는 데에
사용되는데, 소도 나중에 언급할 일종의 약품이기도 했다. 소를 다는 데
에 소칭이 사용되는 것은 이상한 일이 아니다.

그런데 정세장에 소 관련 기사가 나오는 지역은 타지마 · 오와리 · 스오

3국에 한정되었다. 공진이 이루어진 해도 『연희식』의 간지 순과는 맞지 않지만, 나라시대에도 전국적인 공진체제가 있었다. 오미 국이 그 중에 하나였던 것은 확실하다. 오미 국의 하찰에는 '소'가 아닌 '생소'로 나오지만, 앞에서 밝힌 것처럼 실질적인 차는 없지 않았을까. 정세장에 나오는 소와 눈금이 다른 것을 감안하면, 조금 다른 물건이었을 것이라는 인상도 든다. 그러나 양의 차이는 없었던 것으로 보아야 한다.

한 번 다시 앞에서 언급한 대칭·소칭을 떠올리기 바란다. 정세장이 소칭으로 3되가 1되라고 했던 것은 위에서 언급한 대로이다. 이 소1되를 대칭으로 환산하면, 대1되의 3분의 1이다. 즉 하찰의 '3홉'에 가까운 수치인 것이다. 하찰이 작은 항아리의 내용량을 대칭으로 '3홉'을 표시했다면, 실제적인 차이가 없다는 쪽으로 해석해도 될 것이다.

용기

오미국에서는 공납된 소를 담는 그릇인 항아리에 하찰을 붙였다. 지금은 없어졌지만, 도려낸 홈에 끈을 달아 항아리의 뚜껑 따위에 묶어 둔 흔적이 보인다. 소는 일종의 약이기도 했는데, 현재 정창원에 전해지는 약봉지에는 이런 종류의 하찰을 묶어 내용물이나 수납하는 궤의 번호를 표시한 예가 보인다. 그 부찰도 작은 것으로 이 소의 하찰과 아주 흡사하다.

소를 항아리에 담아 운반한 것은 앞의 정세장의 기록으로 알 수 있다. 이는 소가 크림 내지 버터와 같은 것이었으니 당연한 것이다. 다만 소를 공납할 때의 용기가 바구니었다는 설도 있다. 이같은 설은 나라시대 초인 양로 6년(722)에 소를 공진할 때는 궤에 넣지 말고, 바구니를 쓰라는 명령에 근거한 것이다(『정사요략』권28).

그러나 여기서 문제가 되는 궤라든가 바구니는 소를 직접 담는 그릇이 아니라 소가 들어간 항아리를 넣는 용기를 말한다고 생각하는 편이 좋을 듯 하다. 천평승보 8세(756년)에 동대사가 받을 여러 종류의 약이 헌납되었을 때의 목록을 보면, 약을 담은 항아리나 봉지를 다시 궤에 넣었던 사실을 알 수 있다. 귀중품인 소 역시 마찬가지로 포장되었다는 것은 마찬가지의 것이 행해졌다고 해도 전혀 이상하지 않다. 그러나 소를 수송할 때 궤가 필요하다면, 이를 만들어 내는 부담은 당연히 일반 사람들에게 미치게 마련이다. 그래서 부담을 조금이라도 경감시키려고 한 조치가 앞의 명령이었을 것으로 보인다.

미용건강식

『연희식』의 기사 등에 따르면, 우유나 소가 천황·황후 등의 식탁에 올랐던 것은 확실하다. 예를 들면 『연희식』典藥寮에 기록한 진상 우유의 하루 공급량은 3되 1홉 5작(勺·지금의 약 2.3ℓ)가 계상되었다. 이는 천황·황태후 등 일용할 분량이다. 또한 헤이안시대에 중궁·동궁이나 섭관가攝關家에서 이루어진 대향大饗이라는 연회에 내놓은 메뉴 중에 소가 당연히 포함되었다. 특히 섭관가에서 대신이 임명되었을 때에 이루어진 대신 대향에서는 천황이 내장료內藏寮에 보관한 소와 감률甘栗을 하사하는 것이 관행으로 정해졌고, 그 칙사를 '소감률사蘇甘栗使'라고 했을 정도였다.

소는 이같은 식용 말고도 우유와 함께 약으로서도 섭취되었다. 중국 당대의 약국방藥局方이었던 『신수본초新修本草』에는 소가 소화기를 강화하고, 입에 난 상처를 고치는데 효험이 뛰어나다고 적었다. 또한 헤이안시대의 의학서 『의심방醫心方』에 인용한 『양생요집養生要集』이라는 중국의 책은 유乳·낙酪·소蘇 등을 항상 섭취하면, 근련이 붙어 담이 강해지는 동시에 피부나 몸에 윤기와 광택이 난다고 했다. 필경 고급 미용건강식이었을 것이다.

소를 비롯한 유제품을 먹는 습관은 고대에 끝난 터라, 일본의 식생활에 뿌리를 내리지는 못했다. 이는 젖소의 사육을 포함한 유제품의 생산이 모두 율령국가의 권력에 의존했던 것과 무관하지 않다. 율령국가의 힘이 약해짐과 동시에 소를 생산하고 공납하는 제도도 유명무실해졌다. 애초에 이 제도를 통해서 유제품을 맛보았던 계층은 궁정을 중심으로 하는 일부의 사람들이었다. 그래서 유제품 맥이 끊겼다 해도 많은 사람들은 아무런 고통도 느끼지 않았다.

그러나 결과는 어떻든 나라시대의 귀족이 소를 입에 대었던 것은 확실하다. 당시의 귀족의 식생활은 그만큼 동시대의 중국대륙의 식생활과 거의 공통된 점을 가지고 있었던 것이다. 이러한 의미에서 헤이조궁에서 발견된 소의 하찰은 나라조 문화의 세계성을 상징하는 것으로 보아도 좋을 것이다.

제 4 장
어느 하급관리의 일생

1. 속로전續勞錢을 납부하는 사람들

돈에 달린 부찰

목간의 사용방법에는 물품에 붙여 내용을 표시하는 용법이 있다. 앞장에서 다룬 지방에서 온 공진물의 하찰도 넓게 말하면 이 속에 포함된다. 그러나 보통 목간을 분류할 경우는 하찰은 제외하고, 같은 용도의 찰을 부찰付札(⇨물품 꼬리표)이라 부르고 있다. 붙여진 대상은 다양한데, 헤이조궁에서 발견되는 것에 다음과 같은 돈 부찰이 있다.

(1) 无位田邊史廣調進續勞錢伍佰文 〔앞〕

攝津國
住吉郡 神龜五年九月五日 「勘錦織
秋庭 」 〔뒤〕

(그림 5, 길이 17.4cm)

(2) 位子山邊君忍熊資錢五百文 〔앞〕

神龜五年九月七日 「勘瓶原東人」 〔뒤〕

(3) 益田君倭麻呂續勞錢 〔앞〕

神龜五年□月廿七日 〔뒤〕

(4) 位子雀部朝臣道奧錢伍佰文 〔앞〕

「秦筆」 〔뒤〕

이들은 일군의 속로전에 관한 부찰이다. 이와 비슷한 것은 다른 데도

그림 5 (奈良文化財研究所)

있지만, 일단 4점을 예로 들어 둔다. (1)~(4)에 신귀 5년(728)의 날짜가 보이는 것처럼 나라시대 전기의 것이다. (1)·(2)·(4)의 찰에 보이는「　」로 묶은 글자는 다른 사람이 쓴 것이다. 이는 부찰을 붙여 납입한 돈을 관리가 확인하고, 그 책임을 명확히 하는 의미에서 서명한 것이다.「勘」은 체크를 한 것이고,「錦織秋庭」「瓶原東人」「秦筆」은 관리의 이름이다.

아마도 돈은 구멍에 줄을 넣어 뭉쳐두고, 사용할 때까지 이같은 찰들을 단 채로 관청에 보관했을 것이다. 이 부찰들은 동전의 경우의 관봉官封이나, 지폐인 대봉帶封과 동일한 역할을 했던 것이다. 돈처럼 세세한 물품에는 이러한 방법을 쓴 것이 편리했던 것으로 보인다. 성격은 다르지만, 돈의 부찰이 출토되는 예는 적지 않다.

유성留省

그러나 여기서 문제로 삼고자 하는 것은 속로전이다. 다음 장에서 언급하겠지만, 율령국가의 관리는 각각 정해진 직무를 맡아 거기서 근무상태를 심사받은 다음 관위를 얻어 승진하는 것이 원칙이었다. 어디까지나 실제로 근무하는 것이 원칙이었다. 그러나 현실적으로는 관리지망자 모두가 취업할 수 있었던 것은 아니다. 관리의 정원에 비해 지원자가 많은 경향이 일반적이었던 것 같다.

예를 들면 근무평정 관계의 목간 중에도 아래와 같은 기록이 보인다.

(5) 去上 留省大初位上秦忌寸祖足 年□

(省)
(6) 去不 資人留□

(5)의 하타노 이미키오야타리秦忌寸祖足라는 인물은 아마도 관리등용시험에 통과하여 '대초위상大初位上'이라는 관위를 얻고도 일정한 근무지가 없었던 것으로 보인다. 그래서 '유성留省'을 말하는 식부성式部省에 잠시 적을 두고, 다른 여러 관사官司의 직무를 임시로 수행했던 사람이다.

(6)의 '자인資人'은 귀족과 고관을 근시近侍하는 호위를 부여받은 관리이다. 이들 자인은 주인이 죽었을 경우에 1년이 지나면 식부성 관할 하에 들어간다. 그리고 관청의 허드렛일을 하면서 새로운 직위를 찾거나, 다른 주인이 나타나기를 기다린다. 이는 '자인류성資人留省'이라는 신분인 것이다.

유성은 이같이 불안정한 신분이었다. 그러나 불안정한 신분이기는 했지만, 유성의 신분을 유지하는 자체가 행운이었다. 만약 근무평정을 받을만한 신분을 얻지 못하면 승진은 절망적이었다.

속로전

이에 한 가지 편법이 고안되었다. 이는 속로전을 납부하는 제도였다. 당시의 사료史料에는 "자資를 납부하고 노勞를 잇는다"는 내용이 나온다. 식부성에 일정액의 돈을 납부하면, 정해진 포스트가 없어도 관리가 될 자격을 주는 제도가 있었다. 이 자격을 가진 사람은 정식 근무한 것으로 간주되어 근무평정 대상에 포함되었던 것이다. 어떤 지위의 사람이 정당한 사유에 따라 지위를 잃었을 경우에도 이 제도를 이용할 수만 있으면, 그때까지 쌓아올린 근무평정 연한을 손해보지 않아도 된다. 이 돈이 부찰에 나오는 '자전資錢'이자 '속로전'이다.

'노를 잇게 한다'는 취지를 보아도 이는 일종의 구제제도였다. 금전을 납부하여 관리의 지위를 유지한다는 점에서는 일종의 매관賣官으로도 보인다. 그러나 보통 말하는 매관은 금전으로 직접 관직을 얻거나, 관직에

동반하는 보수 따위를 손에 넣는 것이다. 그래서 이를 매관으로 보는 것
은 옳지 않다.

돈 500문

그러나 이같은 제도가 일단 생기면, 위계를 노리거나 승진을 위하여 가
재家財라도 쏟아 부어 속로전을 내고 본다는 현상이 나온다. 속로전의 제
도가 시행된 것은 상당히 일찍 부터였던 것으로 보인다. 양로 5년(721)에
이미 시행한 조칙이 남이 있는데 이 시점 부터 속로전의 폐해가 문제시되
었다. 속로전을 납부하고 승진을 기대하는 계층은 주로 당시의 하급관리
의 자제였다. 그들은 일단 일반 사람들과는 다른 자질을 가진 계층이었지
만 어떻든 부담은 컸다.

속로전의 액수는 목간을 빌려 파악하면, 일률적으로 500문이었던 것
같다. 속로전의 액수도 목간에 나타난 기록에 따라 처음으로 알 수 있었
다. 그래서 시대나 계층에 따라 차이가 났는지는 불분명하다. 그러나 500
문이라는 액수가 상당한 고액이었던 것은 틀림없다. 목간의 연대에 비교
적 가까운 천평 9년(737)의 물가를 보면, 쌀 1석石(현재의 약 4말)의 가격이
160문이다. 양로 5년의 조칙에 따르면, 속로전을 납부하기 위하여 굶주
리는 사람도 나왔다는 기록이 보인다. 이를 단순한 과장으로 볼 수 없다.
그리고 보면, 목간이 붙었던 돈도 납부자가 겪어야 했던 고통의 결정체였
을 것이다.

성부도오省部道奧

그러면 여기에 이름이 나오는 사람들의 장래는 어떠했는가. 돈 500문

을 납부하고 얻은 근무평정은 상중하 3단계 가운데 '중中'이었다는 설이 있다. '중'이라는 평가는 근무평정으로서 가장 보통의 것이다. 6년간 '중'을 계속 받으면, 관위가 1단계 올라간다. 이 동안의 속로전은 모두 합쳐 3관문貫文(3000문)이다. 3관문을 납부하고 6년을 기다려서 얻은 관위가 고작 1단계라면 앞날이 뻔하다. 앞의 목간에 나오는 사람들의 연령은 모두 불분명하다. 그런데 다른 근무평정 목간으로부터 추측하면, 적어도 30세 전후에, 9단계 있는 관위의 6위 정도까지 승진한다면, 괜찮은 편이었을 것이다.

나라시대의 정사인 『속일본기續日本記』에는 이 시대의 서위나 임관과 관련한 관리의 이름이 수도 없이 많이 실렸다. 그러나 정사에 이름이 나오는 경우는 원칙적으로 5위 이상의 고급관료에 한정되었다. 속로전 목간에 보이는 타노베노 히로츠키田邊廣調, 야마노베노 오사쿠마山邊忍熊, 마스다노 야마토마로益田倭麻呂 등의 이름은 끝내 정사에는 나타나지 않는다.

그러나 여기에는 진귀할 만큼 예외의 인물 한 사람이 나온다. 이는 사자키베노 아손미치노쿠雀部朝臣道奧라는 인물이다. 『속일본기』에는 천평보자 8년(764)조에 '雀部朝臣陸奧'라는 이름에 이어 보귀寶龜 2년(771)조에는 '雀部朝臣道奧'라는 이름이 나온다. '陸奧'나 '道奧'는 미치노쿠이고, 종5위하라는 관위도 같다. 이 두 사람은 동일인으로 보아도 좋을 것이다. 고대에는 발음만 같으면, 사람의 이름일지라도 여러 가지로 표기하는 예가 많았다.

문제는 『속일본기』의 사자키베노 미치노쿠가 목간에 나오는 동명의 인물인지의 여부이다. 적어도 동일한 인물로 생각해도 확실하게 틀린 점은 보이지 않는다. '道奧'(陸奧)라는 이름도 그리 흔하지 않다. 이미 『일본고대인명사전日本古代人名辭典』에서도 그 가능성을 지적했는데 나 역시 한 사람의 인물로 보고 싶다.

서명

다만 나라시대 전기에 속로전을 납부할만한 지위 바깥의 사람이 후반에는 종5위하라는 귀족 지위에 오른 것을 이상한 일로 여기는 사람도 있을 것이다. 미치노쿠가 평범한 관리생활을 했다면, 이러한 일은 일어나지 않았을 것이다.

실은 사자키베노 미치노쿠라는 이름은 『속일본기』 이외에도 정창원이 소장한 나라시대의 고문서 중에 1군데서만 나온다. 천평승보 6년(754) 2월 당시 동대사 조영에 종사했던 사인舍人이나, 공인工人의 근무일수를 다룬 문서에 서명한 책임자 중 한 사람이 '雀部朝臣道奧'이다. 직함은 명확하지 않으나, 지위가 높지 않은 현장 사무담당자였을 것으로 보인다. 이는 속로전을 납부했던 미치노쿠의 20년 후 모습일 것이다. 미치노쿠는 이같은 지위로 일생을 마쳤을 터였다.

이 미치노쿠의 인생을 바꾼 시점은 천청보자 8년에 일어난 후지와라노 나카마로藤原仲麻呂(惠美押勝)의 난이었다.

2. 3단계 특진으로 5위五位에

후지와라노 나카마로의 난

후지와라노 나카마로는 8세기 중엽부터 숙모뻘의 광명光明황태후와 결탁하여 정권을 장악하게 되었다. 그리고 순인淳仁천황을 옹립하고, 태사太師(⇨太政大臣)의 직에 올랐다. 그러나 황태후의 사망 후에 후원자를 잃고, 효겸孝謙상황과 대립의 골이 깊어 갔다. 고립상태에 빠진 나카마로는 대세를 일거에 만회하기 위하여 쿠데타를 계획했지만, 기밀이 새는 바람에 에치젠越前(지금의 후쿠이福井 현 동북부)으로 달아나는 도중에 오미국에서 죽었다.

이 난에서 커다란 역할을 한 관청에 조동대사사造東大寺司가 있다. 조동대사사는 동대사의 수리를 위하여 설치된 대규모의 관사官司였다. 이는 율령에 설치규정이 없는 소위 영외관令外官 중 하나이다. 이 관청은 동대사의 장원 따위도 관리했기 때문에 나카마로는 일찍이 자기의 관리들을 보내는 방법 등을 써서 그 세력기반을 장악해 갔다. 그러나 난이 일어나기 9개월 전에 장관이 된 키비노 마키비吉備眞備(695?~775)는 쿠데타계획을 알아차리고, 곧바로 반反 나카마로 쪽으로 돌았다. 그리고 해박한 군학軍學의 지식을 살려 추격작전계획을 입안하는 동시에 배하의 관리나 공인들을 추격군에 참가시켰다. 나카마로가 마키비를 취임시킨 이유는, 군학이나 기술에 밝은 마키비를 아군으로 삼아 조동대사사를 더욱 보강하는 자리에 두었던 모양이다. 그런데 예상이 빗나갔던 것이다.

이례적인 승진

난이 수습된 이후 관계官界에 대이동이 이루어졌다. 그래서 나카마로파로 보였던 사람들은 추방당했고, 난 진압에 공을 세운 사람에게는 관위의 승진 형태로 행상行賞이 이루어졌다. 키비노 마키비는 일약 종3위에 해당하는 참의參議로 발탁되었다. 조동대사사에서는 난을 진압할 때 애를 썼던 하급관리 16명을 추천하여 관위 수여를 신청했다. 그 서류의 메모가 정창원의 고문서 중에 남아 있다.

사자키베노 미치노쿠의 이름이 처음으로 정사에 보이는 시기는 바로 이때인데, '역도逆徒' 토벌의 공헌이 인정되어 종6위상에서 승진하여 종5위하가 수여되었다.

이 시대의 위계는 1위부터 초위까지 9단계로 이어졌다. 1위~8위는 숫자로 불렀고, 9번 째의 관위만을 초위라 했다. 이들 관위는 정종正從 · 상하를 붙여 다시 4단계로 나누었다(초위는 정종이 아니라 대소로 칭했다). 지금 이와 관계되는 관위를 쓰면, 아래부터 순서대로 종6위상—정6위하—정6위상—종5위하가 된다. 이때 미치노쿠는 3단계를 특진한 것이다. 3단계 승진하는 데는 보통 12년에서 18년이 걸렸던 것이다. 더욱이 단순히 관위가 올랐을 뿐만 아니라, 그는 이 서위敍位로 5위 선에 도달했다.

5위의 특권

앞에서 언급한 바와 같이 5위에서 위는 '통귀通貴'라고 하여 일단 귀족이다. 또한 5위 이상은 칙임勅任이라 하여 근무평정에 따른 기계적인 승진은 적용되지 않았다. 이 때문에 령令이 규정한 제도에 따라 6위에서 5위로의 승진할 때는 특히 규제를 두었다. 그래서 어떤 관리의 승진 위계를 결정할 때 5위 이상의 관위 수여 대상자는 그 사정을 천황에게 진상하여

허가를 얻어 서위토록 했다. 이치상으로는 5위 이상이 될 수 있는 관리라
도 이 관문에 걸려 승진이 좌절당한다든지, 5위 라인의 바로 아래인 정6
위상에 머물렀던 사람도 있었을 것이다. 일개의 실무관리가 5위의 벽을
뚫는 것은 대단한 행운이었고, 공적이 없는 한 불가능한 일이기도 했다.

그러나 일단 5위의 관위를 거머쥐면, 꿈과 같은 특권을 누릴 수도 있었
다. 미치노쿠의 경우는 위록位祿만 해도 관위에 상응한 정액의 현물급여
를 받았고, 미치노쿠 본인과 그 자녀에 대한 조세·역역은 완전히 면제되
었다.

이 시대의 조세는 조租·용庸·조調 3종이 기본이다. 조租는 국가로부터
반급班給받는 구분전口分田에 부과되므로 어떤 귀족이라도 수전자受田者는
반드시 납부하지 않을 수 없는 세목이었다. 그러나 세율은 수확의 3%에
불과했기 때문에 큰 부담은 아니었다. 조세 가운데 중요한 물품은 도읍으
로 운반되었다. 이는 중앙재원이 되는 조調와 도읍에서 노동에 종사하는
고역민의 노임이 되었던 용庸이다. 조調로는 시絁·포布나 어패류, 수산물
등 각지의 특산물이 징수되었다. 용庸은 마포·쌀·소금 따위이다. 모두
성년남자에게 할당되는 인두세이다. 조調나 용庸을 도읍으로 운반하는 것
도 납세자의 부담이었다. 조調·용庸을 부과당한 성년남자가 교대로 이
일을 맡았다. 원격지의 경우이기는 하나, 조調·용庸을 운반하던 남자들
이 귀향을 위한 식량도 없이 도로에서 아사하는 참상은 나라시대의 정사
에도 기록되었다. 5위 이상이면, 이러한 부담이 전혀 없었다.

특전은 죄를 범한 경우에도 누렸다. 4위와 5위는 국가와 천황에 대한
반역 같은 대죄를 범한 경우를 제외하고, 사형에 처해지더라도 천황의 재
결裁決을 받게 되어 있었다. 그보다 가벼운 형은 자동적으로 일등을 감면
당할 뿐이었다. 더욱이 이들 형을 물건을 납입하는 것으로 종결될 수도
있었다. 이와 같은 특전은 본인뿐 아니라 친족에게도 돌아갔다.

음위蔭位

5위 이상이면, 본인에게 돌아오는 것보다 더 중요한 특전 하나가 부여되었다. 당시의 제도에서는 4위와 5위 관리의 자제는 21세가 되면, 아버지의 관위에 따라 일정한 관위를 수여받는 규정이 있었다. 3위 이상이면, 이 특전은 손자에게까지 미쳤다. 이는 조부나 부친의 '덕택'이었기에 그 관위를 음위蔭位라고 불렀다. 이들 상위관리의 아들과 손자는 '음자蔭子'와 '음손蔭孫'으로 호칭되었다. 5위관리의 자제일 경우 정8위하에서 종8위하로 그다지 높지는 않았다. 또한 법률상으로는 21세가 되면, 자동적으로 서위 받았지만, 음자와 음손이 아무런 노력도 없이 유위자가 되는 것을 막기 위하여 실무습득이나 면학의 의무를 다하도록 이끄는 제도가 뒤따랐다. 그러나 사자키베노 미치노쿠와 같이 오랫동안 속로전을 지불하여 겨우 위계의 수여를 받는 위자位子(⇨6위~8위의 관리의 적자) 등에 비하면, 화수분이었다. 그만큼 장래의 불안이 없었던 것이다. 또한 면세의 특권도 당연히 이러한 음자손에까지 미쳤다는 점에서 5위 이상의 관리 가문이 받는 혜약은 대단했다.

그래서 하급관리에게는 5위의 관위가 동경의 대상이었다. 『만엽집』에 다음과 같은 사랑의 노래가 나온다.

최근 내 사랑의 힘을 써 모은 공功으로 아뢰면 5위를 받겠지(권16 · 3858)

자신이 사랑을 하는 이를 위해 쏟은 에너지를 공적으로 올려 신청하면, 5위의 관위는 충분히 받을 수 있다는 내용이다. 짝사랑의 괴로움을 자조한 노래인데, 5위의 관위를 얻는 것이 어려웠기에 이와 같은 표현은 씁쓸한 유희로서 잘 살아 있다.

국사國司

속로전을 납부했을 무렵 사자키베노 미치노쿠의 나이는 적어도 30세에 가까웠을 것이다. 앞에서 언급한 것처럼 하급관리의 연령은 낮은 관위와는 상관없이 일반적으로 높았다. 그래서 천평보자 8년(764)에는 이미 60대 중반이었을 것으로 보인다. 관리생활의 끝자락에 도달했을 때 뜻밖에도 5위 승진의 기회를 잡았으니, 미치노쿠의 기분을 추찰하고도 남는다.

그러나 좋은 것만은 아니었다. 5위가 된 미치노쿠에게 부과된 직책은 국사國司로서의 임무였다. 천평보자 8년에 종5위하를 수여받은 미치노쿠는 곧바로 히타치국(지금의 이바라키茨城 현)의 차관常陸介으로 임명된다. 미치노쿠의 관직은 달리 없었기 때문에 당시 통례에 따라 현지로 부임했을 것이다. 장관은 일본 최초의 공공도서관이었던 운정원芸亭院을 만든 이소노카미노 야카츠구石上宅嗣였다.

이후 보귀 2년(771)에 미치노쿠는 와카사국(지금의 후쿠이福井 현 남서부)의 장관으로 임명되었다. 이는 보통의 인사이동으로 보아도 좋다. 미치노쿠는 5위 승진 이후 약 10년을 지방에서 지내게 되었다. 국사로서의 생활에는 고통도 뒤따랐지만, 중앙의 관리에게는 없는 여록餘祿을 받았다. 당시 각지에서는 벼를 강제로 대부貸付했는데, 이를 출거出擧라고 했다. 원래는 빈민 구제를 목표로 하는 일종의 사회정책이었지만, 실제로는 거기서 발생하는 이자를 지방재원으로 충당했기 때문에 대부를 거절하기가 어려웠다. 이 출거 이익을 국사가 일정액을 특별급여로 받는 것이 허락되었다. 관리에게는 이 급여가 매력적이었던 것으로 보인다. 그래서 나라시대 후반에 이르러서는 이 급여를 받게 하기 위해 명목상으로만 국사에 임명하는 일도 일어났다.

이 밖에도 국사에게는 역직役職에 따라 그 땅에서 전지田地를 부여하는 규정도 있었다. 사자키베노 미치노쿠도 당연히 이러한 대우를 받았을 것이다.

명암을 가르다

미치노쿠의 이름은 보귀 2년의 와카사 장관 임명을 마지막으로 정사에서 모습을 감춘다. 연령으로 보아 그 후 얼마 안 되서 사망했던가, 혹은 관계에서 은퇴한 것으로 보아도 좋을 것이다. 보귀 5년(774)에 다른 인물이 와카사 장관으로 발령받았으므로 이는 그 전후의 일이었을 가능성이 높다.

사자키베노 미치노쿠는 나라시대를 살았던 무명 관리의 한 사람이다. 정사만 기재했다면, 거의 간과되고 말 인물일 것이다. 그러나 속로전 목간에서 그의 전반생이 조명되어 그가 걸었던 길이 구체적으로 드러날 수 있었다.

미치노쿠의 일생에서 후지와라노 나카마로의 난이 던진 의미는 크기를 이루 헤아릴 수 없다. 이는 반드시 미치노쿠에 한정된 일은 아니었다. 나라 · 헤이안시대를 통틀어서 자주 반복된 정쟁은 많은 일반관리를 끌어들였기 때문이다. 그 중에는 미치노쿠처럼 행운을 잡은 관리도 있는가 하면, 고생만 하다가 관계에서 사라져간 하급관리도 적지 않았다.

같은 나카마로의 난을 다룬 헤이조궁 목간 중에 다음과 같은 문면을 깎아낸 껍질이 발견되었다.

(天平神護)

㈎ 〓護元年正月七日恩 勅, 進一階敍

㈏ 〓依仲麻呂支儻除〓

이 둘은 다 속로전 목간과 마찬가지로 일련의 근무평정 관련의 목간 속에 포함된다. 근무평정 목간은 따로 어급한 것처럼 개인 평정에 관한 것이 많으나, 여기에 나온 두 개는 이들과 병용된 목간의 단편일 것이다. 아마도 개인별 평정목간을 일괄할 경우 그 일군의 성격을 명시하기 위하여 사용되었던 것으로 생각된다.

제명除名

(가)에 나오는 천평신호 원년이라는 날짜는 바로 나카마로의 난이 종식된 직후에 해당한다. 이 날에 내린 은칙이란 『속일본기』에도 실린 효겸천황의 조칙이다. 난 평정에 공적이 인정되는 관리들에게 서위할 것을 명한 것이다. 이 은칙에 따라 수위된 개인에 관한 다른 목간이 따로 있고, 그 일군에 붙여 표제로 사용한 것이 이 목간일 것이다. 깎아낸 껍질에 "進一階敍"로 기록한 것은 한 단계를 올린 관위를 알리는 것이다. 이 외에 승진의 방법이 다른 관리도 있었으므로 "進二階敍"와 같은 목간도 준비되었을 것이다.

이와 명암을 달리한 것이 "仲麻呂支儻"으로 기록한 (나)이다. 이는 나카마로 쪽으로 간주되어 관계로부터 추방당한 사람들의 기록에 첨부된 목간으로 보인다. 깎아낸 껍질이므로 상하가 없지만, 마지막의 '除'자는 '제명除名'의 '제'일 것이다. "나카마로의 지당支儻이므로 제명"한다는 것이다. 율령용어의 하나인 제명은 관리에 대한 처분의 일종이다. 이 처분을 받으면, 관리로서의 지위 · 신분은 모두 박탈당한다. 6년이 지나면 원래의 지위 · 신분으로 돌아가는 경우도 있지만, 관리에게 치명적인 벌임을 말할 나위도 없다.

목간에는 관청의 문서 · 기록이 많이 보인다. 그러나 화려한 정치 무대나, 귀족의 동향 따위에 관한 것은 거의 보이지 않는다. 목간 속에서 지금까지 보아온 속로전 부찰이나 평정 관련의 껍질은 정쟁 배후에 자리했던 관리들의 애환을 잘 드러낸 것으로 말할 수 있다.

제 5 장

나라시대의 근무평정

勤務評定

1. 근무평정을 기록한 목간

근무평정

샐러리맨의 근무평정도 요즈음에는 상사뿐만 아니라 동료와 부하의 눈을 빌려 이루어지는 시스템이 늘어났다는 이야기가 들린다. 이는 인물·적성·능력 등 모든 대상이 문제가 되어 각종 시험이 늘어났기 때문에 생긴 것 같다. 이렇듯 힘든 세상이 된 것이다.

그러나 뒤돌아보면, 이는 비단 현재에만 한정된 이야기는 아니다. 중세·근세를 건너 뛴 고대 율령국가의 관리에게는 엄격한 근무평정제도가 적용되었다. 물론 오늘날과는 여러 면에서 다르지만, 의외로 근대적인 제도와 유사하다는 점에서 전부터 주목되어 왔다. 여기서는 목간을 빌려 율령관리와 근무평정의 관계를 고찰한다.

율령제하의 근무평정에는 목간이 조직적으로 사용되었다. 헤이조궁터에서는 이 관계의 목간이 다수 발견되고 있다. 특히 소화 40~41년 (1965~66) 발굴에서는 10,000점을 넘는 다량의 근무평정 관련 목간이 헤이조궁터의 동남쪽 구석에서 출토되었다. 이들 목간에는 기재 내용이나 형태가 공통된 점이 많다. 그 대표적인 실례를 들면 다음과 같다.

(1) 少初位下高屋連家麻呂 年五十 右京 六考日并千九十九 六年中   〔앞〕

(그림 6, 길이 29.1cm)

陰陽寮   〔뒤〕

그림 6 (奈良文化財研究所)   그림 7 (奈良文化財研究所)

(2) 去上 位子從八位上伯禰廣地 年卅二
河內國安宿郡

(그림 7, 길이 39.4㎝)

이 두 개는 출토된 장소는 다르지만, 관리 한 사람씩을 평정한 기록이
라는 점에서 내용이 아주 흡사하다. 모양 역시 목간 상단의 5분의 1 정도
되는 부분에 옆으로 불젓가락같은 것을 써서 구멍을 낸 점이 공통적이다.
길이는 30㎝에서 40㎝ 정도에 이른다. 10,000개에 이르기는 하지만, 이
처럼 완성된 것은 드물다. 오히려 깎아낸 껍질이 압도적으로 많다. 그러
나 기본은 이 두 종류로 압축되었다. 관리 한 사람 한 사람을 대상으로 한
목간의 평정기록이 작성되었고, 이를 끈으로 연결시켜 대량으로 사용했
다는 것을 알 수 있다.

고考와 선選

이들 목간은 어떻게 쓰였을까. 대체로 당시의 근무평정은 대단히 합리
적인 성격을 띠었다. 평정은 매년 이루어진 동시에 일정년수를 지나면, 그
간의 평정을 기초로 종합평정이 내렸다. 이에 따라 위계의 승강昇降이 수
반되는 구조이다. 율령의 용어로는 매년의 평정을 '고考'라 했고, 위계의
승강에 관련되는 종합평가를 '선選'이라고 하였다. 제도의 기본은 물론 중
국에서 들어왔지만, 능력주의를 원칙으로 삼은 상당히 훌륭한 제도였다.

이를 자세히 보면, 전근대적인 요소도 없지는 않다. 평정에 들어가서
그 사람의 근무상태뿐만 아니라 인품이나 도덕성을 중시한 구조가 그 예
라고 할 수 있다. 이는 율령정치가 유교의 이념을 배경으로 하여 '덕치'
를 이상으로 삼은 데서 비롯한 것이다. 어쨌든 관리는 상하를 막론하고,
우민을 선도하는 자로서의 훌륭한 인격이 요구되었다.

앞에서 관위의 승강은 일정 년수의 평정을 거친 후에 이루어진다고 했는데, 그 연수는 역직에 따라 달랐다. 제2장에서 기술한 대로 율령정치의 역직은 크게 나누어 장상관과 번상관이라는 두 개의 타입이 있었다. 장상 관은 원칙적으로 일정한 관위를 가진 사람이 임명되는 역직이었다. 정치 적 관직은 모두 여기 포함된다. 오늘날의 보통 근무자처럼 매일 출근하 고, 6일마다 휴일을 하루 두었다. 이에 대해 율령정부에서는 관청의 실무 나 허드렛일을 하는 하급관리를 다수 고용했다. 이 사람들은 대개 윤번으 로 교대근무를 하는 번상관이었다.

장상관은 4년으로 선選에 이르지만, 번상관은 6년이 걸렸다. 즉 관리에 게 승진의 기회는 4년에서 6년에 한 차례 밖에 돌아오지 않았다. 이는 그 나마 경운慶雲 4년(707)에 령의 규정이 개정된 결과였다. 이전의 본래 규정 으로는 장상관은 6년, 번상관은 8년이 걸렸다.

두 개의 목간

앞에서 예로 든 두 개의 목간은 이 선과 고와 관계가 깊다.

(1)에는 선에 이른 관리의 이름과 평정결과가 기록되었다. 좀 더 자세히 말하면, 평정의 대상은 소초위하라는 관위를 가진 타카야노 무라지야카 마로高屋連家麻呂라는 관리였다. 연령은 50세이고, 본적지는 우경右京이다. '일日'은 근무일수를 가리키고, 6년간의 총 출근일수 1099일에 '육년중六 年中'이라고 쓴 것은 6년간의 종합평가가 상중하 3단계 중의 '중中'이었음 을 말한다. 뒷면에 '음양료陰陽寮'라는 기록은 야카마로의 소속부서를 기 술한 것이다. 6년 단위의 평정이므로, 야카마로는 당연히 번상관이었다.

평정결과와 나란히 근무일수를 적은 이유는 일정한 근무일수가 평정을 받기 위한 전제가 되었기 때문일 것이다. 평소의 근무태도를 가장 객관적으로 나타내는 것은 결근의 숫자다. 1년 동안 장상관은 240일이, 번상관은 140일이 최저한 필요했다. 야카마로도 연평균 180일은 근무했다는 계산이 나온다.

(2)쪽의 목간은 고考에 관련한 것이다. 기본적으로는 (1)과 마찬가지이지만, 평정에 관한 사항이 '거상去上'으로 되어 있을 뿐 간략하다. '거상'은 작년도의 평정이 '상'이었음을 가리킨다. 왜 작년도의 평정이 기록되었는지는 이 목간의 용도와 관련이 있다. 아래서 밝히기로 한다.

일회용 카드

이 목간들의 쓰임새는 극히 체계적이고, 또한 대단히 합리적이다. 일본 고대의 목간은 고대 중국의 목간이나 죽간과는 달리 종이 대신 사용한 것이 아니라, 종이와 병용한 특색이 있는데, 그런 종류의 목간으로서는 쓰임새가 고도로 능률화했다는 점일 것이다. 고대인의 지혜를 명확히 가리는 의미에서 그 쓰임새를 알아보자.

한마디로 말하면, 이들 목간은 카드로 사용되었다는 점이다. 이렇게 말하면, 고대에 인사고과 자료를 카드로 관리한 것으로 생각하는 분들이 있을지도 모른다. 그러나 이는 그렇지 않다. 카드 한 장에 한 사람의 관리의 데이터를 기록했다는 점이나, 카드에 구멍을 뚫은 점 등은 얼핏 그렇게 보인다. 그러나 몇 천 명이라는 관리의 기록을 카드에 담아 보관하기는 힘이 들고, 검색도 쉽지는 않다. 중국의 옛말에 '한우충련汗牛充棟'이라는 구절이 있다. 이는 죽간이나 목간에 써서 책을 만들었던 시대에 장서가 많으면, 운반하는 소가 흘린 땀이 쌓여 서까래까지 닿는다는 내용이다. 위에서 말한 목간을 보존자료로 한다면 바로 이같은 꼴이 될 것이다.

근무평정 목간이 카드라고는 해도 일회용으로 만들었던 것이다.

2. 목간의 용도

평정작업

근무평정의 절차를 규정한 고과령考課令이나, 그 세칙인 『연희식』의 규정에는 목간을 이용한 평정사무의 실태가 보인다. 우선 각 관청에서 선選연한이 차서 평정을 받을 자격을 갖춘 인물이 인사고과를 담당하는 식부성(문관의 경우. 무관은 병부성이 관할)에 신고된다. 이 서류를 선문選文이라고 한다. 선문에는 역직이 높은 순으로 각 관리의 평정 기본자료가 되는 과거의 데이터와 그 관청에서 이루어진 평가 결과가 기록되었다. 당시는 아직 장면帳面의 형태가 없었기 때문에 이 서류도 몇 장의 종이를 이어붙인 두루마리로 이루어졌다. 나중에 언급하겠지만, 목간을 사용하는 것은 이와 같은 서류와도 관계가 있다.

선문을 수리受理한 후에는 거의 반 년에 걸쳐 식부성(또는 병부성)을 중심으로 하는 평정작업에 들어간다. 근무평정은 관리에게 중대한 의미를 갖는다. 따라서 작업은 본인을 호출하여 직접 확인하는 등 신중하게 이루어졌다. 다만 여기서는 목간의 용도가 문제가 되었다. 그래서 초점을 여기에 한정하고, 상세한 것은 생략하겠다.

목간은 평정작업 도중에 식부성이 제작했다. 『연희식』에서는 이 목간을 '성선단책成選短册'이라 부르고 있다. '성선成選'이란 선選을 위한 연한이 찬 것을 말한다. '단책短册'이란 나중에 와카和歌 따위를 기술하는 데에 사용한 종이의 단책이 아니라, 목간을 말한다. '단책'은 원래 목간을 의미하는 말이었다. 목간을 만드는 목적은 선문에 기록한 개인별 데이터를 베끼는 데에 있다.

의계擬階작업

평정작업은 처음에 각 관청마다 관리를 호출하여 평정결과에 이의가 없는지 확인하는 등의 형태로 진행되었다. 이 작업이 일단락 되면, 관리 한 사람 한 사람의 관위를 어느 정도 올리고 내릴지, 또 무위인 자에게는 어느 정도의 관위를 부여할지를 결정하는 단계로 들어간다. 이 작업을 '의계擬階'라고 한다. 관위의 승강이나 수여는 천황이나 국정의 최고기관 인 태정관太政官 권한에 속한다. 이는 어디까지나 초안이지만, 이 초안이 몇 번의 검토를 거쳐 결정되면 각 관리에게 통보되었다. 그리고 사령辭令 에 해당하는 위기位記를 전달했다. 이 고시나 위기의 수여는 관리를 호출 한 후에 관위가 높은 순으로 이루어졌다.

각 관청에서 시작된 평정작업은 도중에 원칙이 바뀌어 관리의 소속과 는 무관하게 모든 관리를 서열시킨 형태로 끝나지 않을 수 없었다. 그러 나 관리의 데이터는 앞에서 기술한 것처럼 관청별로 두루마리 형태로 되 어 있다. 예를 들면 의계를 위하여 동일한 조건을 가진 관리를 전체적으 로 파악하고 싶어도 거의 불가능에 가깝다. 의계작업을 진행시키는 데는 기초자료에 얽매인 관청별 틀을 일단 제거할 필요가 있었던 것이다. 목간 은 이를 위해서 준비되었다.

해산解散하여 철관綴貫하다

목간에는 선무에 쓰인 관리별 데이터는 요약을 거친 다음 옮겼다. 이는 엄청난 업무량이었던 것으로 보인다. 그래서 다수의 서기를 동원하여 일

거에 처리했다. 선문은 목간이라는 카드로 분
해 되었던 것이다. 목간에는 구멍이 뚫려 자유
롭게 철綴할 수가 있었다. 우선 평정작업이 관
청 단위로 이루어지는 동안에는 목간도 관청
별로 정리되었다. 이에 따라 필요한 사항은 그
때그때 목간을 정정하거나 덧붙이기도 했다.
이윽고 의계擬階 단계에 이르면, 묶은 목간 카
드를 풀렀다가 관리의 연령과 위계별로 다시
묶었다.『연희식』에서 이 작업을,

단책短册을 해산解散하여 계階 및 연年에 의
依하여 철관綴貫한다
(⇨홀형목간을 풀어 계급 및 연령에 따라 묶는다)

고 표현하고 있다. '해산'은 글자 그대로 따로
따로 떼어놓은 작업이다. 일반적으로 관리를
서열시키는 데는 우선 관위로 늘어뜨리고, 관
위가 동일할 경우는 연령이 높은 순으로 맞추
었다. 여기서도 그 방법을 썼던 것이다.
　이 단계에서 의계의 결과를 쓴 다음과 같은
표제 목간도 묶었던 것으로 생각된다(그림 8, 길
이 16.2cm).

右五人, 進二階正八位下

그림 8 (奈良文化財研究所)

"오른쪽의 5명은 2단계 승진시켜 정팔위하로 한다"는 의미이다. 이 목간도 측면에 구멍이 뚫려, 개인별 목간과 동일한 형태이다. 특별한 서위敍位가 생길 때에는 92면에 든 것과 같은 표제가 준비되었을 것이다.

그리고 의계작업이 진행되면, 그 상황을 일람으로 표시한 의계목록과 의계부擬階簿라는 서류가 만들었다. 목록은 개인명을 들추지 않고, 몇 위에 승진한 자 몇 명과 같은 식으로 통계적 수치를 기록한 서류이고, 의계부는 개인명을 실은 서류였다. 양쪽 모두 관위 순으로 이루어진 것은 말할 필요도 없다.

이 서류들도 새로 묶은 목간을 사용하면 간단히 작성할 수 있을 터이다.

위기位記

마지막으로 작성되는 위기位記라는 사령辭令에 대해서도 같은 말을 할 수 있다. 령슈에 실려 있는 위기의 서식은 다음과 같은 것이다.

太政官謹奏
　　本位姓名 年若干, 其國其郡의 人 今, 其位를 授함.
　　年月日
太政大臣位姓
　　式部卿位姓名

부여되는 관위의 높이에 따라 서식에 약간의 차이는 나지만, 기본적으로는 이같은 형태였다. 이 서식을 (1)의 목간과 비교하면, 서두나 책임자의 서명을 제외한 중심 부분은 목간과 아주 흡사하다. 이 역시 목간을 이용해서 썼을 것이다.

　지금까지 서술한 것처럼 같은 용도를 염두에 두고 실물의 목간을 관찰해 보면, 여러 가지로 궁리한 흔적들이 보인다.

구멍의 위치

　우선 뒷면에 써놓은 관리가 소속한 관청명이다. 이는 목간을 다시 묶어서 사용했을 때 관청명이 알 수 없게 되는 것을 막기 위해서였던 것으로 보인다.

　또한 구멍이 하나밖에 없는 것은 다시 묶기가 편리한 점을 고려했기 때문일 것이다. 장기보존이 목적이었다면, 구멍을 위아래에 하나씩 뚫어 단단하게 고정시키는 것이 바람직하다. 그러나 다시 묶는 것을 염두에 두면 오히려 구멍이 하나밖에 없는 편이 철하는 수고를 덜 수도 있다.

　굳이 수고를 말하면, 구멍을 목간의 앞뒤방향으로 뚫는 편이 빠를 것 같다. 그런데 일부러 측면에서 뚫은 것은 나름대로 이유가 있을 것 같다. 이는 목간을 묶은 상태로도 기록한 내용을 읽을 수 있도록 궁리한 것으로 보인다. 앞에서도 언급한 바와 같이 의계의 서류나, 위기를 작성할 때에는 묶은 목간을 보면서 작업하지 않을 수가 없었다. 한눈에 목간의 내용을 읽을 수 없다면, 일부러 만든 카드도 의미가 반으로 줄 것이다.

　이같은 용도로 만들었기 때문에 기술한 내용이 앞뒤로 걸쳐 있으면 곤란하다. 통상적으로 일본의 목간은 단독으로 사용했기 때문에 앞뒤 양면에 글자를 쓴 것이 대부분이다. 그런데 이들 목간 카드에서는 (1)처럼 뒷면에 관청명을 쓴 예는 보여도 기록 그 자체는 앞면에서만 완결시켰다.

재이용

이 카드가 나무가 아닌 종이로 만들었다면, 어떠했을까. 종이일 지라도 이어붙이면 상관이 없을 것처럼 보이지만, 그렇지 않다. 목간은 순서를 바꿀 경우, 묶여 있는 끈을 잘라 다시 이으면 바로 재병렬시킬 수 있다. 그러나 종이는 일단 절단하여 다시 풀을 써서 붙일 수 밖에 없다. 또 병렬시켜 놓아도 종이는 날아가거나 움직이기 쉬워 다루는 데 신경이 쓰인다.

이 카드가 즉석에서 사용되었다는 사실은 발굴되는 목간 가운데 완전한 것이 드물고 대부분 깎아낸 껍질이라는 점에서 알 수 있다. 깎아낸 껍질이 많다는 것은 말할 것도 없이 목간의 기재가 계속 깎아내는 가운데 이루어졌음을 나타낸다. 한번 만든 카드를 어느 연도에만 사용하고 폐기하는 것은 아까웠기 때문에 문면만을 깎아내서 재활용했던 것이다. 사실 발굴한 목간 중에는 몇 번이나 깎아서 사용한 탓에 구멍이 보일듯 말듯 할 정도까지 두께가 준 단편도 발견되고 있다.

지금까지 (1)의 목간을 중심으로 그 용도를 살펴보았다. 그러나 (2)의 목간도 형태나 내용의 유사성에서 동일한 목적을 두고 만든 것으로 보인다. 매년 이루어지는 평정 역시 각 관청의 보고에 기초하여 작업이 지행되었다. 최종적으로는 관청단위이기는 하지만, 상중하 등 평정랭크별로 결과가 고시되었기 때문이다. 목간에 전년의 평정이 기록된 것은 전년의 평정에 불복했거나, 이의가 있을 경우에는 다음 연도의 평정 때에 제기하는 규정에 따라 전년의 평정결과를 확인할 필요가 있었기 때문일 것이다.

3. 능력주의인가, 연공서열인가

목간의 용법

이렇듯 근무평정 목간에서는 알뜰하게 이용한 근검성에 놀라지 않을 수 없다. 여기서 목간의 용법은 종이 서류의 내용을 일단 해체하여 다른 원리로 재편성했다는 점이다. 종이 서류가 정식이고, 목간은 이를 처리하거나 새로 작성하기 위한 보조수단으로 활용하고 있다. 우리가 책의 색인을 만들 경우 우선 카드에 기록한다. 그러나 색인이 완성되면, 카드의 존재는 표면에 나오지 않는 것과 마찬가지이다.

두루마리와는 인연이 없는 현대인에게는 두루마리 서적이나 서류의 불편함을 실감하기가 어려울지도 모른다. 이는 마치 녹음테이프나 비디오테이프가 지닌 불편함과 유사하다. 보고자 하는 부분을 바로 찾아내기가 어렵기 때문이다. 목간은 이 불편함을 보완하는 것이기도 했다.

그러나 목간은 일본의 독창적인 것은 아니다. 근무평정제도 그 자체가 중국의 제도를 기본으로 한 것처럼, 거기서 사용하는 사무의 수단도 중국으로부터 배웠다고 보는 것이 타당하다. 중국의 관료제 원리는 일본과 다른 점도 있고, 평정의 절차도 동일하지는 않다. 그러나 큰 틀은 그다지 다르지 않다. 실물은 발견되지는 않았지만, 중국의 평정사무에서 이같은 목간이 사용된 것은 확실하다. 일본에서는 그 방법을 적당히 개편하여 받아들인 것으로 보인다.

평정결과

여기서 주의할 것은 평정사무 자체가 이토록 신중히 진행되었음에도 불구하고, 중요한 평정이 정확하지 않았다는 것이다. 이 점은 평정결과를 조사하면, 잘 알 수 있다.

앞에서도 언급한 것처럼 근무평정 목간 가운데 완전한 형태로 남은 예는 드물다. 그러나 평정결과를 쓴 부분이 깎아낸 껍질로 발견되는 예는 고考에 관한 목간의 경우는 상당수에 이른다. 그래서 이들을 포함하여 평정결과를 정리한 보고가 지금까지 공표되었다. 표에 든 것이 그 내역이다.

목간이 번상관에 관한 것뿐이어서, 평정은 상중하 세 단계로 나뉘었다. 표에는 상중하 외에 '불不'이나 '출出'·'출신出身'이라는 구분이 보인다. 이때 '출'이나 '출신'은 작년도에 처음으로 관리의 세계로 들어왔기 때문에 평정을 받을 최저조건에 미달되었음을 가리킨다. '출'은 제쳐두더라도 '불'에 해당하는 사람들이 전체의 46%에 이르는 것은 최저조건을 만족시키기도 어렵다는 사실을 나타내는 것으로 보인다.

후한 평정

그러나 간과할 수 없는 것은 최저조건을 채우고 평정만 받을 수 있다면, 결코 불이익이 돌아오지 않았다는 사실이다. 평정결과는 상중하 세 단계 중에 '상'이 압도적으로 많다. 정말 근무태도를 평정할 요량이었다면, 이같은 결과가 나올 리가 없었고, 평가는 세분한 단계로 이루어졌을 것이다. 웬만한 결점이 없으면 '하' 평정을 받는 일은 분명히 없었다. 이와 같은 형태로 평정이 반복되면, 소걸음 같기는 해도 대개의 관리는 세월이 지나면 자연스럽게 수위授位에 들어 관위가 올라갔다. 반대로 다소 근무를 열심히 해도 평정에 있어서 구별이 되는 것도 아니었다. 그리고

평정	점수
거상去上	48
거중去中	9
거하去下	0
거불去不	54
거출去出 · 출신出身	7
합계	118

특별한 승진 따위를 바라는 것도 무리였고, 전형적인 연공서열 체제로 일관했던 것이다.

어떤 제도가 일단 제정되어도 항상 동일하게 운영되는 것만은 아니다. 위에서 언급한 것처럼 느슨해진 운영 결과로 보지 못할 이유도 없다. 그러나 이 재료가 되었던 목간은 함께 나온 다른 목간의 연대로 미루어 대체로 나라시대 중반에서 후반까지의 양상이 그랬던 것으로 보인다. 어떻든 이는 아직 율령제도가 잘 굴러가고 있던 시대의 유물이다.

오히려 근무평정제도는 많든 적든 간에 율령국가 최성기에도 이같은 성격을 지녔다고 판단하는 편이 좋을 듯하다. 표에 든 것은 번상관의 경우였지만, 약간 남아 있는 정창원의 고문서 등으로부터 판단하건대 장상관의 경우도 유사한 평정의 경직화가 지적되고 있다. 율령국가가 표방했던 능력주의 평정은 결국 허울에 지나지 않았던 것 같다.

두 가지 원리

그러나 이 현실을 단순한 제도의 형태화로 보기는 어렵다. 율령제하의 관리를 질서로 가늠하는 원리는 두 가지 있었다. 첫 번째는 말할 필요도 없이 위계位階의 상하에 따른 질서이다. 그 실현은 위에서 언급한 바와 같이 능력주의에 의한 것이 원칙이었다.

또 하나의 원리로 작용한 것은 가문의 고하이다. 이는 위계처럼 관리 개인을 서열지우는 것은 아니었다. 그러나 가문에도 각 씨족이 어떠한 카바네姓를 가졌는가에 따라 대략의 지위가 엄연히 존재했다. 이 지위는 대개의 경우 율령제 이전의 야마토大和조정시대에 각 씨족이 조정에서 차지했던 지위를 반영한 것으로 보아도 좋다. 이같은 오래된 전통은 율령제하에도 뿌리깊게 남아 있었다. 나라시대 전반의 정부중추부의 구성원을 보면, 후지와라藤原·오토모大伴·아베安部·이소노카미石上(⇨物部)·이시카와石川(⇨蘇我)·키紀와 같은 고래의 명족에서 각각 그 대표자가 나오는 형태로 이루어졌다.

앞 장에서 언급한 음위제도도 재래의 귀족의 지위를 지키는 역할에 불과했다. 음위 그 자체는 어디까지나 위계에 관한 특권이지만, 명족이 고위를 차지했기 때문에 수혜자는 주로 그 자제들이었다. 일본 음위제도의 모델이 되었던 중국의 제도에 비하면 수여받는 관위가 총체적으로 높게 설정되었던 사실도 밝혀지고 있다. 이는 우연이 아닐 것이다.

율령제는 진보한 새로운 지배방식이었던 동시에 일면으로는 낡은 질서를 온존시켜 고래의 명족에 의한 귀족제를 옹호한 것이었다. 그들를 위해서는 능력주의도 괜찮지만, 위계에 의한 질서가 관철되어 버린 것은 곤란한 일이었을 것이다. 이를 완화시켜 가문의 질서를 유지하는 의미에서 근무평정제도 역시 하나의 또다른 역할을 담당했던 것이다.

근무평정제도는 제도의 의의를 상실한 결과, 형해화된 것이 아니라 오히려 적극적으로 환골탈태함으로써 귀족들의 이해를 지키고, 관리들에게는 연공에 의한 승진을 약속하는 꼴이 되었던 것이다.

제 6 장

시마국에서 온 날미역

志摩國

1. 미역 하찰荷札

조調의 하찰

도읍으로 운반된 물품 하찰이 다수 발견되었다는 이
야기는 이미 썼다. 제3장에서 다룬 '생소生蘇'는 특수한
예이고, 전체적으로는 식품에 붙은 하찰이 많다. 세稅
따위로 전국에서 징수되었던 이 식품들은 주로 중앙의
귀족과 관리의 입으로 들어갔다. 공적인 의식에 딸린
연회의 요리에 사용되는 식품 이 외에 당시의 관청에서
는 부엌을 두어 급식이 이루어졌는데, 그 재료가 되었
던 것이다. 내용적으로는 어패류나 해조류가 다수를 점
한다.

그러나 이들 하찰은 단순히 식품의 다양성을 파악하
는 데에 도움이 되는 것만은 아니다. 오히려 고대 세정
稅政의 특질이나 구조가 구체적으로 보인다는 점에서
흥미를 끈다.

하나의 예를 들어보자(그림 9, 길이 32.4cm).

志摩國志摩郡伊雜鄕□理里　戶主大伴部小咋調海藻六斤
　　　　　　　　　　　　　養老二年四月三日

이는 조調로 구분한 물품에 붙었던 하찰이다. 남자에

그림 9
(奈良文化財研究所)

게 부과한 인두세였던 조調는 각지의 산물을 납부시키는 제도였다. 이 때문에 하찰에도 납세자의 본적지와 이름이 먼저 기록되었다. 이 경우 '시마국志摩國 시마군志摩郡 이소향伊雜鄕'인데, 지금의 미에 현三重縣 이소베 정磯部町 주변에서 온 것이다. 납세자는 오토모베노 오구이大伴部小咋라는 인물이다. 납부한 물건은 '해조海藻'로 되어 있다. 고대에는 지금의 미역을 '해조海藻'라고 썼다. 이 두 글자를 적어 '메'라고 읽는다. 마지막에 '양로 2년 4월 3일'이라고 납입날짜가 있는데, 이것은 718년에 해당된다.

이런 종류의 하찰은 납세자가 쓴 것으로 이해하기 십상이지만, 실제로는 그렇지 않다. 애당초 이 시대에는 문자를 읽고 쓸 수 있는 사람이 그다지 많지 않았다. 지방에서는 더했다. 이 하찰들도 군郡이나 촌리의 관리가 쓴 다음 세를 징수하면서, 그 부담자나 액수를 체크하는 기능을 한 것으로 보인다.

하찰의 날짜

세제를 규정한 부역령賦役令에 따르면, 지방에서 모은 조調와 용庸의 품목을 8월 중순부터 도읍으로 수송하여 늦어도 연내에는 납입을 끝내는 것으로 되어 있었다. 다만 인력에 의존하는 수송이어서, 도읍까지의 거리에 따라서 소요 일수에는 커나란 차이가 났다. 그래서 가장 먼 각 지방의 납입기한은 12월 말일로 하고, 이보다 약간 가까운 중국中國이라고 부른 각 지방은 11월 말일로 잡았다. 그리고 도읍 주변의 근국近國은 10월 말일로 잡는 등 납입기한에 차이를 두고, 설정했다. 조調와 용庸을 나르는 사람들은 납세자 중에서 식량 등은 자기부담을 하는 조건으로 차출되어 국사國司와 군사郡司 출신 책임자를 따라 도읍으로 올라갔다. 통솔을 맡은 국사와 군사는 공조사貢調使라 불렸다. 조調의 납입은 공조사가 이끄는 케러 번을 방불케 하는 형태로 이루어졌다. 이같은 형태로 시행되었던 조의 납입은 이 시대의 세제를 생각하는 데에 잊어서는 안 될 부분이기도 했다.

그런데 주의해야 하는 것은 앞에서 든 하찰의 날짜이다. '4월 3일'은 지금 언급한 조調의 납입기한과 맞지 않다. 시마志摩는 근국近國 그룹에 들어 갔기 때문에 규정대로라면, 8월 중순~10월 말일이 조調를 다 납부하는 기간이다. 그래서 '4월 3일'은 너무 빠르다고 할 수 있다. 이 점에서 '4월 3일'은 납입에 관련되는 날짜가 아닐 것이라는 생각이 일단 가능하다. 그러나 지금까지도 다수 발견한 나라시대의 하찰에서 그 날짜는 약간의 예외를 제외하면, 납세기한 내에 납입되었다는 사실을 알 수가 있다.

해조海藻

앞의 하찰의 날짜는 조調의 납입과 관련한 것이어서, 결코 예외라고 할 수는 없다. 이는 시마국의 다른 하찰을 보면 잘 알 수 있다. 지금까지 발견한 시마국의 하찰에는 다음에 예로 드는 것처럼 일반적인 조調의 부찰과 일치하지 않는 날짜가 많다.

(1) 志摩國志摩郡手節里戶主大伴部荒人　海藻根二斗　和銅五年四月廿日

(2) 志摩國志摩郡目加里戶主嶋直大市戶同□麻呂　御調海藻廿斤　和銅六年六月四日

(3) 志摩國答志郡和具鄕難設里戶主大伴部禰麻呂□　同羊御調海藻六斤　養老七年五月十七日

(그림 10, 길이 29.5cm)

(4) 志摩國志摩郡和具鄕御調海藻六斤四月十日

　(1)에는 조調라고 명기되지는 않았지만, 인두세를 내
용으로 한 서식으로 보아 조調의 부찰임에 틀림없다.
반대로 (4)는 납세자명이 없기 때문에 조調에 부합하
지 않는 예외적인 서식의 부찰이라고 할 수 있을 것이
다. (1)의 리里명인 '타후시手節'는 답지苔志라고 써도
되고, 지금의 토시 도苔志島 주변을 말한다. (3)에서는
지금도 토시 도에 있는 '와구和具'라는 촌명이 나온
다. (4)의 와구향和具鄕도 아고英虞[12]의 와구和具가 아니
라, (3)과 동일한 장소일 것이다.

　그러나 여기에서 주목할 부분은 날짜가 '4월 20일'
'6월 4일' '5월 17일' '4월 10일'처럼 모두가 초여름
이고, 납입된 물품이 '해조'나 '해조근'으로 표시되
었다는 점이다. '해조'는 앞의 목간과 마찬가지이고,
'해조근'은 미역의 뿌리이다. 지금도 미역의 뿌리를
'메카부'라고 해서 식용하는 지방이 있다고 한다. 미
역의 줄기 부분과 마찬가지로 상당히 맛나는 먹거리
로 알려졌다. '해조근'도 아마 '메카부'라고 읽었을
것이다. 어떻든 날짜가 특이한 하찰은 아무래도 미역
과 관계가 있는 것 같다.

그림 10
(奈良文化財硏究所)

---

12) 미에현에 있었던 군. 양로 3년(719)에 시마군에서 나뉘어 '사키군左藝郡'이라 불렸는
　데, 천평 17년에 헤이조경에서 출토된 목간에 처음으로 아고군의 이름이 등장한다.
　해산물의 산지로 유명했던 곳이다.

미역의 공진

요즘은 미역철이 따로 존재했다는 사실도 잊혀지고 있다. 그러나 새 버섯과 미역졸임은 본래 초여름 미각을 돋구는 먹거리이다. 더구나 미역은 초봄에서 초여름에 걸쳐 최성기를 맞이하는 해산물이다. 음력 섣달그믐에서 설날에 걸쳐 새 미역을 따는 미역따기和布刈り 의식이 오래된 신사神社에는 남아 있다. 시모노세키시下關市의 스미요시住吉신사의 행사가 특히 유명하다. 이는 막 새로 나기 시작한 미역을 따서 신에게 바치는 것을 목적으로 한 행사임에 틀림없다. 미역은 여름이 되면 너무 억세게 자라 식용에 적합하지 않다.

시마국의 미역 관련 하찰이 특별한 날짜를 갖는 이유는 이로서 명백할 것이다. 시마국은 최성기의 미역을 도읍에 납입했던 것이다.

『연희식』에 따르면, 헤이안시대 시마국에서 조調를 관할한 사신은 6일 만에 도읍으로 상경했다. 당시 도읍(⇨쿄오토)과 야마토大和 사이의 여정은 편도로 하루가 걸렸기 때문에 나라시대에는 시마에서 헤이조궁까지 대체로 5일 정도의 여정이었다.

그러나 이는 어디까지나 정식 공조貢調의 경우이다. 시마국은 정창원에 남아 있는 수용장輸庸帳이라는 장부에서 보아도 보통의 공조사貢調使를 별도로 파견하고 있었다. 이에 비하면, 지금의 경우는 운반되는 짐의 양이나 인원의 규모가 작아도 괜찮았을 터이다. 이세伊勢 · 오와리尾張지방과 야마토는 고대古代에도 소수의 인원으로 서두르면, 2일 정도로 왕래할 수 있었다. 혹은 가도街道를 따라 설치되었던 역驛을 이용하여 차례로 보내는 방법을 취했을지도 모른다. 어떻든 이와 같은 특별한 조調는 더 빨리 배달되었다고 생각하는 편이 좋을 것이다. 이 점은 나중에 언급하기로 하겠지만, 시마에서 도읍으로 운반된 미역이나 메카부는 채집한지가 얼마 안 되는 날 것이나, 이에 가까운 간단한 보존가공 뿐이었을 것이다.

마른 미역

율령제하에서 미역을 조調로 차출했던 지역은 시마국만이 아니다. 부역령에는 조調의 물품으로 '해조'가 열거되어 해조를 조調로 납입할 때의 성년남자 1인당 세액이 규정되어 있다.

그러나 지금까지 살펴본 것처럼 음력 8월 중순부터 수송을 시작한 조調에 해당하는 미역은 신선한 물건으로 생각되지 않는다. 조調에 들어간 미역은 아니지만, 헤이조궁 출토 하찰 중에 다음과 같은 실례가 있다.

長門國大津郡中男作物海藻陸斤 二連   〔앞〕
天平九年十一月   〔뒤〕

'중남작물中男作物'은 17세에서 20세의 남자를 대상으로 하는 세이다. 그런데 부역령의 규정에는 없고, 양로 원년(717)까지 중남이 납부했던 조調를 폐지한 다음 새로 정한 것이다. 따라서 중남작물의 납입기한은 조調와 마찬가지이다. 중남작물로 징수하는 미역은 조調의 미역과 비슷하게 생각하면 된다. 이 하찰에 따르면, 미역이 나가토국長門國(⇒지금의 야마구치山口현)에서 11월에 납입하고 있다. 나가토국과 도읍지와의 사이는 헤이안시대에도 21일이 걸렸다. 그리고 납기를 음력 11월로 정한 것으로 보아 이 미역은 건어물이었을 것이다. 미역을 '련連'이라는 단위로 계산한 것도 이를 뒷받침한다.

가다랭이포

'련連'은 고체형태의 물건을 끈 등으로 연결했을 때에 사용하는 용어로, 하찰에서는 조調로 납입되는 가다랭이포 등을 아래와 같이 이 단위로

세고 있다.

伊豆國賀茂郡三嶋鄉戶主占部久須理戶占部廣庭調鱻堅魚拾壹斤　　〔앞〕

拾兩　　員十連三節　　　　天平十八年十月　　　　　　　　　　〔뒤〕

이즈伊豆의 미시마향三嶋鄉은 이즈오시마伊豆大島를 중심으로 하는 이즈의
7도이다. 거기서 헌납하는 조調인 가다랭이의 하찰이다. 가다랭이도 어기
漁期는 초여름에서 여름이고, 신선도가 떨어지기 쉬운 생선이기 때문에
조調로서 이즈제도에서 납입하기에는 가다랭이포가 제격이었던 것이다.
이 경우 '11근 10량'은 가다랭이포의 무게 '10련 3절'이라는 포의 형상
과 수를 나타내고 있다. 나가토국의 미역도 끈으로 연결되어 정리되었을
것이다.

당시의 경제의 발달상황으로 보아 현물조세의 형태를 폐지할 수는 없었
다. 그러나 식품을 조調로 징수하려면, 그 시기가 일정한 기간에 집중되어
더욱이 보존가공품이 많아지는 것도 어쩔 수 없는 일이었다. 시마국의 조
調는 미역에 한정되어 있기는 하지만, 조調라는 제도가 지닌 결점을 보충
하는 역할을 하고 있었던 것이다. 그러나 시마국과 같은 방식이 다른 지
방의 조調에도 탄력을 가지고 적용된 것은 아니다. 이는 조調의 납입기한
과 어긋나는 하찰이 극히 적은 것으로도 알 수가 있다. 시마국이 이같은
역할을 왜 하게 되었는가를 먼저 생각해 보지 않을 수 없다. 그러나 이전
에 이 문제와 밀접한 관계를 가진 다른 세제를 서술하고자 한다.

이는 바로 지贄라는 세에 관한 것이다.

2. 조調와 지贄

미역의 지贄

    지贄는 생지生贄라는 말에서 보이는 것처럼 일반적으로는 신에게 바치는 음식물을 가리킨다. 지금의 경우는 천황의 음식물로서 제지방으로부터 공상되는 식품을 의미한다. 그 성격에서도 상상이 되겠지만, 지贄의 공진 그 자체는 율령제도가 도입되기 이전 야마토조정시대부터 비롯한 것으로 보인다. 일본의 독자적인 제도라고 해도 좋을 것이다. 따라서 지贄라는 제도는 오랜 역사를 간직한 채 계속 이루어졌음에도 불구하고 율령 등에는 구체적인 규정이 나오지 않는다. 『연희식』에는 기본적인 세칙이 실려 편의상 세제로 해두지만, 그같은 의미에서 이를 세라고 말하는 것도 의문이 없는 것은 아니다.

    지贄에 붙었던 하찰도 헤이조경터를 중심으로 출토되는 예가 많다. 이미 언급한 바와 같이 지贄에 대한 사료는 그다지 많지 않으므로 이 하찰들은 지贄의 실태를 아는 데에 대단히 귀중하다. 이 중에 역시 미역에 관련된 다음과 같은 하찰이 있다.

      但馬國第三般進上若海藻　　御贄一籠　天平十九年二月廿八日

    타지마국但馬國(⇨효고兵庫현 북부)의 하찰이다. 지贄는 앞에서 서술한 바와 같이 조調와 같은 인두세가 아니므로 통상 공진된 국國 · 군郡 · 리里(=鄉)의 이름이나 공진한 집단 명칭이 나올 뿐이다. 품명은 '약해조若海藻'로 적었다. '해조'는 '메'로 읽었기 때문에 이를 글자 그대로 '와카메(⇨일본어로 미역. 若의 훈독이 '와카')'이다. 특히 '若'이라는 글자가 붙은 것은 이 물품이 자란지 얼마 안 된 미역이었기 때문일 것이다. 하찰의 날짜는 '2월 28일'이니, 그렇게 생각하면 말이 맞는다. 게다가 하찰에 '제3반 진상'이라고 밝힌 점을 놓쳐서는 안 된다. '반般'은 당시 중국의 구어적인 말로, 회나 번 따위를 의미이다. '제3반 진상'이란 '세 번째로 진상한다'는 말이다. 타지마국은 마침 이 봄미역의 계절에 몇 번으로 나누어 이를 진상한 것이다.

봄미역

이 지贄의 성격을 이같이 보면, 앞에서 예로 들었던 시마국志摩國의 조調와 유사한 점이 있다. 둘 다 그 무렵에 따는 신선한 미역을 납입한 것이다. 그러나 완전히 동일하다는 것은 아니다. 가장 단적인 차이는 지贄의 경우 '약해조若海藻'로 되어 있다는 점이다. 이는 자란지 얼마 되지 않은 봄미역을 의미한다는 것은 위에도 밝혔는데, 조調의 하찰에서는 '약해조若海藻'로 적은 것은 발견되지 않는다. 이에 반해 지贄는 아래서 보이는 것처럼 다른 '약해조'의 부찰이 있다.

(가) 出雲國若海藻　御贄

(나) 阿波國進上御贄若海藻壹籠　板野郡牟屋海

(다) 下總國海上郡酢水浦若海藻　御贄　太伍斤　中

이같이 귀중한 '약해조'는 지贄라는 이름 말고는 공진되지 않았던 것 같다. 지贄라고 명기되지 않은 아래와 같은 '치해조稚海藻'도 역시 지贄로 공진된 것으로 생각된다(그림 11, 길이 27.3㎝).

長門國豊浦郡都濃嶋所出糅海藻　天平十八年三月廿九日

그림 11
(奈良文化財研究所)

여기 나오는 '츠노시마都濃嶋'는 지금도 야마구치山口현의 동해 쪽에 떠 있는 츠노시마角島이다. 여기서 나는 미역이 특산품이라는 내용은 『만엽집』의 와카에도 나온다.

츠노시마 해협의 미역은 남한테는 거칠었어도 나한테는 야들야들한 미역(권16 · 3871)

"본토와의 사이의 해협에서 생기는 미역은 타인에게는 거칠었지만, 나한테는 부드럽다"고 하는 민요풍의 사랑노래이다. 지贄는 그런 일은 없었겠지만, 미역이라고는 해도 질이 좋지 않은 것이 실제로는 존재했던 것이 아닐까. 이 노래는 무언가 그러한 사정도 암시하고 있는 듯하다.

'미츠키'

지금까지 미역을 대상으로 하는 조調와 지贄를 살펴보았다. 그 결과 조調와 지贄는 서로 크게 다르면서도 시마국志摩國의 조調 등을 사이에 두면 연속성이 보일 것이다. 한쪽이 율령제하의 인두세, 한쪽은 야마

토조정시대부터 존재한 공물이라는 점에서 미심쩍어 보일 수도 있다. 그
러나 양쪽의 기원을 떠올리면, 오히려 당연한지도 모른다.

조調의 제도가 확립된 과정이나, 지贄가 옛날에는 어떠했는지는 아직 알
수 없는 점이 많다. 그러나 연구자 사이에서는 나오키 코지로直木孝次郎
(1919~) 씨의 설에 따라 다음과 같은 점을 인정하고 있다. 즉 식품의 조調
와 지贄는 기원을 거슬러 올라가면 동일한 것으로 보았다. 그리고 율령제
가 정비되면서, 그 일부가 인두세인 조調가 되고, 나머지는 지贄가 되었다
는 것이다.

이 분리되기 전의 조調와 지贄는 '츠키' 또는 '미츠키'라고 부른 것 같
다. 이들은 '미츠기'라는 말의 고형으로 공물을 의미한다. 『일본서기』(舜
신崇神 12년조)에 보이는 '미조弭調'(수렵시의 포획물에 대한 공물), '수말조手末調'(수
공업지품의 공물) 등이 고형을 전하는 말이다. '조調'는 본래 중국의 용어이
다. 그 예에서도 알 수 있는 것처럼 일본에서는 이를 '미츠키'와 '츠키'
라는 고어를 훈으로 사용했다. 인두세로서의 조調에 어울리는 훈이라고
말할 수는 없지만, 그 유래를 잘 나타낸다. 아울러 (2)~(4)의 목간에 나오
는 '어조御調'는 역시 미츠키이고(⇨御의 일본어 훈은 '미'), 더욱더 정확하게
고어에 따른 표기법이라고 할 수 있을 것이다.

물론 '니헤'라는 말도 오래되었다(⇨贄의 일본어 훈). '니헤'는 '미츠키' 중
에서 식품에만 사용한 것 같다. '니헤'는 '미츠키'에 포괄되는 개념으로
보면 좋을 것이다.

시마嶋의 속지速贄

시마국志摩國의 조調처럼 조調와 지贄의 중간적인 세가 나라시대가 되어
도 존재했던 것은 시마국의 성격과 관계가 있다. 시마국은 원래 면적도

좁고, 농업에 적합한 조건도 갖추지 못한 지역이다. 율령제하에서도 경지부족 때문에 반전제班田制의 실시가 어려워 시마국의 주민들에게는 이세伊勢와 오와리尾張 두 지방에 구분전을 부여하는 조치를 내렸다고도 했다 (『속일본기』신귀 2년조). 이에 비해 어업조건은 풍요로웠다. 조정은 이 점에 일찍 주목하여 그 해산물을 공진시켰다. 『고사기古事記』[13]의 천손강림 설화 중에 '시마嶋의 속지速贄'를 둘러싼 이야기가 나온다.

아메노우즈메天宇受賣신은 천손강림 준비를 준비하기 위하여 크고 작은 물고기들을 모아 천신의 아들에게 지贄로 봉사할 뜻이 있는지를 물었다. 모두 그 뜻에 동조했는데, 해삼만이 아무 말도 하지 않았다. 아메노우즈메신은 "이 입은 대답하지 않는 입"이라고 꾸짖고는 작은 칼로 입을 찢어 버렸다. 그래서 지금도 해삼의 입은 찢어져 있다는 것이다. 또 이같은 연유에 따라 '시마嶋의 속지速贄'가 헌상할 때에는 아메노우즈메신의 자손이 사루메노키미猿女君에게도 주신다는 것이다.

시마국은 원래 1국 1군이다. 지명표기도 '嶋國嶋郡' (⇨嶋의 일본어 훈이 '시마')이었다. 이는 나라시대 초기의 헤이조궁 목간에서 확인되고 있다(그림 12, 길이 25.7cm). 이

그림 12
(奈良文化財研究所)

13) 화동和銅 5년(712)에 성립한 현존하는 일본 최고最古의 서적. 천황통치의 유래와 왕권에 의한 국가발전의 역사를 변체한문으로 기술한 것이다. 신화·전승·가요를 포함하고 있어 역사서이면서도 문학성이 강하다.

'시마嶋의 속지速贄'의 '시마嶋'도 이후의 시마국志摩國을 가리킨 것이 틀림 없다. '시마嶋의 속지速贄'란 율령제 이전부터 조정에 운반되었던 신선한 해산물을 총칭한 것으로 보인다. '속지速贄'는 이를 직송한 해산물이었다 는 것을 정확하게 나타낸 말이라 할 수 있을 것이다.

시마국志摩國의 역할

율령제하에 이르러서도 시마국에 기대했던 역할은 기본적으로는 변하 지 않았다. 시마국으로부터 보통의 조調가 납입되었던 것은 위에 언급한 바와 같다. 그러나 이에 병행하여 지贄에 가까운 성질의 조調가 공진되었 다. 앞에서 (2)~(4)의 목간에 '어조御調(=미츠키)'라는 말이 나오는 것을 지적 했는데, 이 용어는 지贄의 공진국 하찰에 많이 나타나는 특색이 있다. 이 공진물들은 율령제 이전의 미츠키 전통을 나타낸 것이다. 이들과는 별도 로 시마국에서도 지贄가 헌상되었을지도 모르는데, 현재까지 시마국에 해 당하는 지역에서는 지贄의 하찰이 발견되지 않았다. 헤이안시대 문헌에는 시마국의 지贄도 나오지만, 나라시대에는 지贄가 공진되었다고 해도 그다 지 큰 비중은 차지하지 않았던 것으로 보인다.

이상과 같은 서술대로면, 지贄는 오로지 생선식료품의 조달을 위해 령令 밖의 제도로 온존되었던 인상을 줄 것이다. 그러나 다 그렇게 말할 수는 없다. 지贄의 하찰 중에는 다음과 같은 헤이조궁 출토 실례에서 처럼 건어 물에 붙은 것도 있기 때문이다.

參河國播豆郡篠嶋部供奉七月料御贄佐米楚割六斤

물고기나 짐승의 고기를 말려서 잘게 썬 것을 '스와야리楚割'라고 한다.

이를 지贄로 진상한 것은 미카와만參河湾의 작은 섬인 시노지마篠嶋의 어부
였다. 이 하찰은 8세기 중엽의 것이다.

지贄의 성격

실은 율령제하에 지贄 제도가 존속한 이유를 연구자들 마다 여러 가지
의 다른 해석을 내놓았다. 지贄가 생선식료품이었다는 것도 그 하나이다.
또한 종래에 '니헤'로 납입되었던 물품이 조調로 바뀐 후에 조調에 넣기
힘든 물품이 지贄가 되었다는 설도 있다.

이것들은 어느 쪽인가 하면 지贄를 주목한 해석인데, 지贄를 공진한 행
위 자체에 무게를 둔 설도 있다. 지贄는 본래 복속의례의 일종이다. 정복
된 사람들이 정복자에게 음식물을 헌납하는 것에서 유래한 것으로 보인
다. 이같은 지贄의 성격이 율령제하에서도 전통으로 남았고, 이를 지배적
인 방편으로 활용했다고도 보는 것이다.

지贄에 대한 견해를 이처럼 두 가지로 나눌 경우, 나는 지贄의 내용에서
이 제도의 의의를 생각하는 입장에 공감을 느낀다. 지贄의 공진에는 전통
적이고도 이념적인 의의가 부여되었던 것은 확실하지만, 이는 굳이 지贄
에만 해당하는 것은 아니다. '니헤'를 포함하는 '미츠키'의 공진 전반에
'니헤'의 경우와 비슷하게 설명을 할 수 있을 터이다. 그리고 율령제하의
조調 역시도 이에 해당할 것이다. 조調에 '미츠키'라는 훈이 따랐던 것도
그 하나의 증거이기도 하다.

지贄의 이점

지贄의 존속을 필요로 한 데는 더 현실적인 이유가 있었을 것이다. 즉

조調 제도에는 앞에서 언급한 바와 같이 납기納期나 품목에서 오는 커다란 제약이 있었다. 조調만으로는 천황의 음식물을 충분히 조달할 수가 없었던 것이다. 또한 지贄는 천황의 음식물인 동시에 명절 때 거행되는 궁중연회의 밥상에도 올라 정신廷臣의 입에도 들어갔다. 이같은 점을 보더라도 지贄는 꼭 필요했던 것이다. 미역뿐만 아니라 지贄에는 생선식료품 비중이 컸던 것도 거기서 비롯된 것으로 보인다.

앞에서 나온 상어포佐米楚割 등은 '칠월료七月料'라고 했던 것으로 미루어 달마다 진상되었던 것을 알 수 있다. 연간을 통틀어 납입되었는지의 여부는 불분명하지만, 월료月料와 같은 형태로 음식물을 징수했던 것도 지贄 제도의 이점이다.

이러한 지贄는 이후 구조적으로 더욱더 정비된 것으로 보인다. 『연희식』 규정에 따르면, 궁정연회에 맞출 '절료節料'의 지贄는 10일마다 공진시키는 '순료旬料'의 지贄라는 것이 보인다.

지贄의 품목은 조調와 겹치는 경우도 많고, 품목에 따라 지贄로 취할지 조調로 취할지가 정해진 것도 아니었다. 위에서 다룬 미역이 그 좋은 예일 것이다. 지贄의 가치는 오히려 '속지速贄'처럼 즉흥적으로 인정되었던 것이다.

이 점에서 지贄는 수송면에서도 특별한 배려가 이루어졌다. 조調의 경우는 용庸과 함께 1년에 한 번의 공조사貢調使가 정해졌지만, 지贄에는 '어지사御贄使'라는 특별한 사신을 세웠다. 만약 그렇지 않을 때는 지贄를 역전驛傳을 거쳐 도읍으로 보내는 방법으로 수송이 이루어졌다.

공물이나 세의 징수는 지배자의 편의만을 위하여 필요에 따라 그때그때 이루어지는 것은 율령제 이전과 이후를 불문하고 용납되지 않았을 것이다. 납입하는 측에게 일정한 형태로 수송 부담을 강요했던 터라, 이같이 했을 경우 생산에 지장을 초래할 수 밖에 없었다. 조調와 용庸 등의 납

기를 농번기가 일단락되는 가을로 정했던 이유가 있는 것이다. 현물조세
와 조調 제도 사이에서 완충제의 역할을 다한 것이 바로 지贄였다고 할 수
있을 것이다.

천황은 율령제의 정점에 위치한 동시에 율령에 속박되지도 않는 율령
을 초월한 존재이다. 이에 따라 천황의 음식물인 지贄를 율령은 규정할 필
요가 없었다. 물론 지贄의 조달이 지배자가 원하는 대로 이루어지지도 않
았다. 목간에 나오는 '월료月料'나 '세 번째第三般'와 같은 자구를 보아도
한가지 제도로 정비되었던 것은 확실하다. 그러나 지贄의 제도를 율령 세
제 밖에 두었던 것은 앞에서 언급한 지贄의 역할을 한층 더 발휘하는 데에
도움이 되었기 때문이라고 생각된다.

제 7 장

국가의 일, 황실의 일

1. 『일본서기』는 믿을 수 있는가

새로운 사료

목간의 연이은 발견으로 일본고대사의 연구에도 조금씩 변화가 생기는 것처럼 보인다. 요즘은 모든 학문이 세분화되어 역사학 분야에서도 대략적인 역사 흐름의 파악이 오히려 소홀해지고, 또한 불가능해졌다는 이야기를 자주 듣는다. 일본고대사도 예외는 아닌데, 고대사의 경우 그 원인의 하나로 목간을 비롯한 새로운 사료의 증가를 예로 들어도 좋을 것이다. 사료의 증가는 역사 연구에서 환영할 일이지만, 고대사의 경우는 일반론으로 대입시킬 수 없다는 약점이 있다. 원래 고대사는 사료가 적은 것을 전제로 연구가 진행되어 왔다. 새로운 설이나 이론이라 해도 지금 남아 있는 사료 사이에 정합성이 인정되면, 그것으로 충분하였다. 또한 검토한다는 마음을 먹어도 그 이상 새로운 사료가 발견될 가능성 따위는 전혀 없었던 것이다.

그러나 목간의 발견은 같은 조건을 바꾸었다. 더구나 땅 속에서 문헌사료가 계속 나오는 이상 안심은 할 수가 없다. 굵직한 가설이나 이론을 세울 수 없는 것도 당연한 현상이다. 이와는 달리 지금까지는 사료의 부족으로 확인할 수도 없었던 사항이 새로 나온 목간을 빌려 다시 확인할 수 있는 경우도 생긴다. 가설이 장래에 나올 목간에 따라 입증할 가능성이 생긴다는 것은 고대사 연구의 획기적인 일이기도 할 것이다.

대화개신大化改新의 평가

지금 기술한 것이 가장 잘 들어맞는 부분은 현재로 보아 7세기의 국제
國制연구 분야이다. 대보大寶 원년(701)의 대보율령 시행에 따라 일본의 율
령제가 완성되어 중앙집권적인 정비된 제도가 생긴다. 그 세부는 현존하
는 양로령養老令의 조문들을 빌려 대체로 명확히 할 수 있는데, 대보율령
에 이르기까지의 율령제 형성과정을 구체적으로 입증하기는 쉽지 않다.
그 원인은 근본적인 사료가 『일본서기』 이외에 거의 남아 있지 않다는 점
때문이다. 『일본서기』는 신대神代부터 지통持統천황 11년(697)까지의 역사
를 다루었는데, 당면한 문제와 관계가 깊은 7세기 후반 부분은 신뢰도가
상당히 높다. 그러나 다른 부분은 편찬주도자의 의향이나, 편찬시의 지식
왜곡 부분이 없다고 보기는 어렵다.

예를 들면, 논의의 촛점이 되었던 대화개신 평가가 있다. 『일본서기』에
따르면, 황극皇極천황 4년(645)에 나카노오에中大兄황자(626~671, 재위 668~671)
와 나카토미노 카마타리中臣鎌足(614~669) 손에 소가蘇我 씨가 타도되고, 이
듬해 정월에 신정新政 기본방침을 담은 조칙이 발포되었다. 이 조칙에서
밝힌 정책은 사유민의 폐지와 더불어 도읍·기내畿內·군 제도의 확립,
호적·계장計帳·반전수수법班田收授法의 시행, 조調·용庸제의 제정 등 이
후에 율령이 정한 내용과 유사하거나 동일한 것이 많다. 이같은 『서기』
기사에 입각하여 대화개신을 율령제의 출발점으로 보는 견해가 종래의
정설이었다. 현재의 중학교나, 고교의 교과서 등도 아직 대체로 이같은
견해를 답습하고 있다.

그러나 『서기』의 대화개신 상에는 편자의 손이 개입되어 그대로 믿을
수는 없다고 생각하는 연구자도 일찍부터 존재했다. 특히 소화 40년대(⇨
1970·80년대)에 이르러 『서기』에서 말하는 일련의 개신은 『서기』 편자가 배
치·날조한 것이라고 하는 이른바 대화개신 부정론이 고개를 들기도 했

다. 그래서 종래의 정설에 다시금 의문의 시선이 모이게 되었다.

군평郡評논쟁

후지와라궁藤原宮터를 중심으로 7세기의 목간이 많이 출토되기 시작한 것은 이 개신 부정론이 등장하고 얼마 되지 않은 때의 일이다. 그리고 목간 내용에 따라 그때까지 개신의 조칙에서 미심쩍었던 점이 확실히 후대의 것으로 증명되는 사건이 일어났다. 군郡·평評을 둘러싼 논쟁의 해결이 그것이다.

대화개신 조칙에서는 앞에서도 언급한 바와 같이 전국에 군郡을 설치하여 대령大領·소령少領·주정主政·주장主帳의 4등관으로 구성되는 군사郡司를 임명할 것을 정하고 있다. 그러나 이와 유사한 규정은 양로령養老令에 있고, 그 이전의 대보령大寶令에도 존재했다. 특히 군사郡司의 직명이나 임명 자격 등은 령令의 규정과 똑같다. 또한 아주 조금 남아 있는 7세기 후반의 금석문 등을 보면 '군郡'이라는 말을 '평評'이라고 쓰거나, 군郡 장관을 '평독評督'·'평조評造'라고 썼다. 그리고 '군郡'이라는 용어가 나오지 않는다. 이 때문에 이 부분은 개신의 조칙이 령令 제도에 따라 수식되었을 가능성이 짙은 부분 중의 하나로 주목을 모았다. 이노우에 미츠사다井上光貞(1917~1983) 씨나 키시 토시오岸俊男(1920~) 씨 등은 이 관점에서 개신 조칙의 진실성에 의문을 제기하고 있다.

그러나 이 '군郡'이라는 글자의 문제 하나를 놓고, 개신 조칙의 문장을 신뢰하는 입장도 없지는 않았다. 조선에서 '평評'은 '군郡'과 아주 유사한 의미로 사용되는 용어였다. 그래서 '군郡'이 정식 용어이기는 하지만, 일부에서 '평評'이 사용되었다는 생각을 할 수도 있다. 또 개신의 시점에서 '평評'을 인정해도 이 용어가 최종적으로 '군郡'으로 정착하기까지의 과

정을 여러 가지로 추정할 수 있다. 7세기 말에
도 '평評'이라고 쓰는 사료가 있었다. 그래서 이
를 가장 마지막으로 볼 때, 평評에서 군郡으로의
전환은 대보령이라는 결론이 나오는 것이다. 그
러나 『서기』에는 모두 '군郡'이라는 글자만 나
오는 점으로 미루어 중앙에서는 일찍부터 '군
郡'으로 바뀌었지만, 중앙에서 먼 지역에서는
대보령 직전까지 '평評'이 사용되었다는 해석도
가능하다.

　이 문제를 둘러싼 연구자 간의 응수가 이른바
'군평논쟁'이다. 이는 단순히 글자의 이동異同을
둘러싼 논쟁이 아니라, 위에서 언급한 바와 같
이 대화개신 조칙의 평가와 깊이 관련된 중요한
의미를 갖는다.

카미후사국上揆國의 하찰

　군평논쟁을 종식시킨 목간은 다음과 같은 것
이다(그림 13, 길이 17.5cm).

　　己亥年十月上揆國阿波評松里匚

　이 목간은 소화 42년(1967)에 후지와라궁 북쪽
을 경계하는 해자에서 출토되었다. 밑이 잘렸지
만, 어떤 세금에 붙은 하찰일 것이다. 앞 장에서

그림 13 (橿原考古學研究所)

다룬 헤이조궁터의 것과 달리 '기해년己亥年'이라고 공진된 해가 먼저 기록되었다. 해를 간지로 써서 서두에 두는 것은 대보령 이전의 하찰의 통례이다. 이 하찰의 차출지差出地는 '카미후사국上捄國 아와평阿波評'의 마츠리松里이다. 이를 나중에 이루어진 일반적인 표기로 쓰면, 카즈사국上總國 아와군安房郡이 된다. 아와군安房郡은 나라시대 중기 이후에 아와국安房國이 되었으므로 지금의 치바현千葉縣에서 나온 하찰이다.

여기서는 군郡을 '평評'이라고 썼다. 게다가 이 하찰의 연대는 후지와라에 도읍이 자리했던 시기로 한정된다. 간지는 60년을 주기로 한 번을 도는데, 여기에 해당하는 '기해년己亥年'은 문무文武천황 3년(699)밖에 없다. '평評'제가 명확히 대보령의 직전까지 시행되었던 것이다. 이같은 목간을 조사했던 키시 토시오岸俊男 씨는 보고서에서 위의 사실에 입각하여 평評이 군郡으로 바뀌는 것은 대보령 시행 이후라는 결론을 내렸다. 이같은 종류의 목간의 실례가 적으면, 역시 다양한 논의가 가능하다 그럼에도 불구하고, 이같은 결론에 신중한 사람도 없지는 않았다. 그러나 이후 발굴한 하찰에도 모순되는 예는 전혀 없다. 이는 현재 학계의 공통된 인식으로 자리잡았다.

2. 관청의 이름

『서기』의 신빙성

군평논쟁의 해결은 대화개신 조칙이 대보령에 따라 수식修飾되었다는 사실이 다시금 명확해졌다. 대화개신을 완전히 부정하는 데에는 문제가 있지만, 지금으로서는 『서기』에 적은 내용을 사실 그대로 받아들이려는 생각은 설득력을 잃을 것으로 보아도 좋을 것이다.

위에서 언급한 것은 하나의 예이지만, 7세기 후반의 역사를 조립하는 데에 따른 『서기』의 신빙성은 검토되어야 한다. 이 점에서 목간은 더욱더 없어서는 안 되는 자료라 할 수 있다.

그 예로 개신 조칙의 군郡에 관한 기사를 말하면, 군사郡司의 직계職階는 앞에서 언급한 바와 같이 대령大領·소령少領·주정主政·주장主帳과 같이 령슈이 정한 규정과 동일하다. 그런데 최근에 발굴한 시즈오카현靜岡縣 이바伊場유적의 목간에 따르면, 평評에 딸린 관리의 서명 부분에 장관을 '독督', 제4등관을 '사史'라고 썼다. 이 목간은 역시 기해년己亥年(699)의 것이다. '독督'은 종래의 금석문 등에도 보이는데, 주장主帳에 해당하는 직위를 '사史'(후비토)라고 한 것은 이것이 처음이었다.

그렇다면 평評과 같은 지방조직과 다른 집권의 요지인 중앙조직은 어떠했을까.

관청의 이름

『일본서기』에는 대보령大寶令 이전에 설치되었던 중앙의
관청명이 몇 가지 나온다. 이들 중에 비교적 확실하다고
보이는 부분은 키요미하라령淨御原令 관제에 따른 관청의
경우이다. 키요미하라령은 대보령보다 먼저 제정된 령令이
다. 천무天武천황 10년(681)에 편찬이 시작되어 지통持統천황
3년(689) 관청에 반사班賜되었다. 관청에 관련되는 부분은
반사되기 전부터 부분적으로 시행되었던 것으로 보이는
데, 천무천황 말년부터 『서기』에 나타나는 관청명 등은 이
령令에 기초한 것으로 보인다.

그러나 『서기』에 적은 내용을 보면, 이 시기에도 동일한
관청으로 생각되는 부분이 다른 호칭으로 나오는 경우도
드러나 과연 이 사실은 무엇을 의미하는지를 판단하기가
힘들다. 이 경우도 『서기』 편자의 붓이 들어간 것으로 보
이는 것이다. 그러나 최근 발굴한 후지와라궁 목간에는 당
시의 관청명을 쓴 예가 상당히 많이 보인다. 다음에 예로
드는 목간도 그 중에 하나이다(그림 14, 길이 16.6cm).

膳職白主菓餅申解解□

이 목간은 하부가 결락된 단편이다. 그러나 여기에 기록
한 글자를 보면, '선직膳職'과 '주과병主菓餅'이 나온다. 이
는 당시의 관청명이나 관직명일 것이다. '백白'이나 '신해
申解'는 상신上申문서의 문구이지만, 전체는 문서와 관련한
낙서 같다.

그림 14
(橿原考古學研究所)

선직膳職

양로령의 관제에는 국정의 최고기관인 태정관太政官 아래에 8개의 성이
설치되었다. 이 중 하나인 궁내성宮內省 아래에 대선직大膳職이라는 관청을
두었다. 이는 각 지역으로부터 공진되는 조調의 식품이나, 지贄를 수납하
여 관리의 음식을 조리했던 부서였다. 이와 나란히 천황의 음식을 만드는
관청으로 내선사內膳司가 있었다.

목간에 나오는 '선직膳職'은 양로령의 대선직大膳職과 관련한 것으로 일
단 생각된다. '선직膳職'과 함께 보이는 '주과병主菓餅'이라는 동명의 직도
대선직大膳職에 설치되어 있었다. 이 직은 대선직大膳職이 관리하는 식품
중에도 과자를 만드는 직이다. 그렇다면 목간의 '선직膳職'은 실은 '대선
직大膳職'이고, '대大' 부분만 망가진 것은 아닐까하는 생각을 할 수 있을
것 같다. 그러나 이 목간은 하단은 결락되었지만, 상단은 원래 그대로이
다. 애초부터 '선직膳職'이었을 것으로 보아도 될 것이다.

선직膳職이라는 관청은 『일본서기』에도 나온다. 천무천황 15년(686)에 천
황 자신이 사망했을 때 그 장의葬儀에서 추도의 의미를 담아 각 관청이나

686년의 관명	대보大寶 · 양로령養老令의 관명
태정관太政官	태정관太政官
법관法官	식부성式部省
리관理官	치부성治部省
민관民官	민부성民部省
병정관兵政官	병부성兵部省
형관刑官	형부성刑部省
대장大藏	대장성大藏省
선직膳職	대선직大膳職
좌우대사인左右大舍人	좌우대사인左右大舍人
좌우병위左右兵衛	좌우병위左右兵衛

역직별로 치세시의 치적을 읊었다. 그 관청 중에 선직膳職이 보인다. 이 『서기』의 기사에 나오는 관청과 역직명은 위의 표와 같다. 여기에는 중앙의 주요한 관청이 거의 나와 있다. 선직膳職과 마찬가지로 대보령 이후의 관청과 대응되는 것이 많아 이를 대비해서 표시해 두었다.

여기서도 알 수 있지만, 기사 속의 관청과 역직명은 대체로 령令에 나오는 동명이 아니다. 그러나 이 중에는 태정관太政官, 좌우의 대사인大舍人, 좌우의 병위兵衛와 같은 동일한 관직명도 있다. 선직膳職은 이전부터 오래된 관직명으로 추정되었는데, 증거가 나온 것은 아니었다. 목간은 이를 키요미하라령淨御原令 관제에 따른 명칭이라는 것을 증명한 것이다.

대大와 내內

목간에 나오는 관청명에는 선직膳職처럼 종래에 어느 정도 알려진 것이 있는가 하면, 전혀 문헌에 나오지 않는 것도 있다. 다만 선직膳職의 경우도 오래된 관청명이 알려졌다는 것만으로는 전문가 이외의 사람에게는 별로 의미가 없을 것이다. 이는 각 관청의 유래나 성격, 나아가서는 그러한 관청을 필요로 하는 고대국가의 성격까지를 경우에 따라 밝혀 준다는 점에 오히려 의의가 더 클 것이다. 선직膳職은 그 좋은 예로 보아도 될 것이다.

키요미하라령淨御原令의 선직膳職과 대보령大寶令의 대선직大膳職은 명칭상에 '대大'자가 붙는지 안 붙는지의 차이밖에 없다. 그러나 이 차이는 큰 의미를 갖는다. 대보·양로령養老令 관제에서는 '대大'와 '내內'가 대조적으로 사용되었다. 이때 '대大'는 국가일반에 관련한 관청에, '내內'는 천황가의 가정家政에 관련한 관청에 붙는다는 원칙이 보인다. 대선직大膳職과 내선사內膳司는 바로 이같은 관계이다. 대보령 관제에서는 동일한 음식 관련의 관청이면서도 일단 이 두 가지를 구별한 것이 이해되었을 것으로 생각한다. 그러나 키요미하라령의 관제에서는 목간에서 보이는 것처럼 '대大'·'내內'가 붙지 않는 '선직膳職'이라는 관청이 설치되어 대선직大膳職과 동일한 역직을 관할하는 기능을 담당하고 있었다. 이는 무엇을 의미하는 것일까.

국가와 황실

단적으로 말하면, 키요미하라령淨御原令시대에는 아직 국가일반 행정에 관련한 관청과 황실에 관련되는 관청이 명확히 구분되지 않았던 것이다. 모든 부분에서 일본 제도의 모범이 되었던 중국 수당隋唐의 국제國制에는 국가행정 일반과 황제일가의 가정家政을 조직상 명확히 구별했다. 이 전통은 오래되어 전한前漢시대(BC202~AD8)에 이미 국가제정과 제실帝室제정이 명확히 구분되어 각각이 다른 재원으로 운영한 적도 있다. 재원 분리의 원칙은 전한시대로 끝나고 후한後漢(AD25~220) 이후에는 공통의 재원으로 운영되었다. 그러나 국가행정과 황실에 관련되는 관청을 각각 따로 설치한다는 방식은 관제 속에 계속 살아남았다.

예를 들어 당唐의 관제를 살펴보면, 일본의 대선직大膳職에 상당하는 관청으로 광록사光祿寺가 있다. 이는 9사라고 부른 9개의 행정관청 중의 하나였다. 이 광록사는 그 관하에 태관서太官署와 진추서珍羞署 등을 두어 음식에 관련한 일과 함께 식품을 관리했다. 이와는 달리 제실의 음식을 관장한 기구는 전중성殿中省 아래 상식국尙食局이다. 전중성은 제실의 가정家政을 관할하는 관청이었다. 이를테면 오늘날의 궁내성에 해당하는 기구이다. 당의 관제에서는 이처럼 따로따로 관청을 두었을 뿐만 아니라, 9사의 하나로 두기도 하고, 전중성의 한 부국과 같이 다른 지휘계통 아래다 놓아 둔 경우도 있었다. 이와 같은 체제는 앞에서도 언급한 바와 같이 당 이전의 각 왕조에서도 대체로 유사한 형태로 유지되었다.

전대의 흔적

대보령에서 시작한 대선직大膳職과 내선사內膳司라는 체제는 이같은 중국의 제도를 흉내 낸 것임에 틀림없다. 그러나 여기에는 중요한 상이점이 있다. 이는 두 개의 관청이 중국처럼 다른 지휘계통에 속하지 않고, 함께 궁내성 관할 하에 들어가 있다는 점이다. 대보령과 양로령의 관제만을 본다면, 이 원인은 잘 알 수가 없을 것이다.

그러나 목간에 나타난 키요미하라령의 선직·형태가 이 문제에 해결의 실마리를 제공한다. 대보령 이후에는 국가와 황실이 관련되어 조직상으로도 구별한 음식 관련 직무가 이전에는 하나의 관청인 선직膳職에서 처리되었던 것으로 보인다. 대보령 이후에 조직은 분리되었지만, 전대까지의 방식을 완전히 떨쳐버릴 수는 없었다. 그 결과 다른 관청을 세우면서도 중국처럼 지휘계통까지는 분리하지 못하고, 두 개를 궁내성 아래에 병치하는 형태로 결론을 내렸을 것이다.

전대의 흔적을 말하면, 대선직의 직장職掌에도 보인다. 앞에서 언급한 바와 같이 대선직大膳職은 전국에서 모이는 조調에 관련한 식품뿐만 아니라, 지贄도 관리되었다. 앞 장에서 기술한 대로 지는 단순히 천황의 음식을 가리키지는 않지만, 원칙적으로는 내선사內膳司가 전관해도 되는 부분이었다. 이는 일찍이 선직膳職이 관리했던 조調와 지贄가 그대로 대선직大膳職 관리 아래로 이동했기 때문일 것이다.

3. 율령제하의 궁내성宮內省

중국과의 차이

일본 율령제의 모범이 되었던 중국의 제도와 유사한 것은 당연하다. 그러나 다른 점이 있다면, 이는 일본의 독자적인 사정에 맞추어 입안된 것이어서 역사를 생각하는 데에 오히려 중시될 수 있다. 대선직大膳職과 내선사內膳司의 문제도 이같은 예일 것이다. 이 문제는 식품에 관련되어 사소한 것처럼 보이지만, 현물조세에 주력했던 당시 사회상으로 보아서는 그렇지도 않다. 음식 조달과 소비 루트는 국가재정의 근간을 이루었기 때문이다. 그리고 중국의 관제를 갑자기 흉내 내기는 어려웠을 것이다.

문제는 여기서 끝나지 않았다. 선직膳職이나 대선직大膳職이 보여 준 것처럼 이같은 상황이 실은 일본 율령관제 속에 더 넓게 뿌리를 내렸던 것으로 보인다. 대선직大膳職의 상급관청인 궁내성宮內省을 예로 들어 그 점을 살펴보자

궁내성宮內省

궁내성宮內省은 대장성大藏省 등과 마찬가지로 율령제를 직접 시행한 관청 중에 현대인에게도 친숙하다. 신헌법으로 바뀌기 전에 동명의 관청이 존재했고, 현재도 궁내청宮內廳이 있다. 그러나 율령제의 관청을 현대의 감각으로 판단하면 오해가 뒤따르기 쉽다. 대장성 등도 재정의 총책임부서라는 점에서 율령제하의 민부성民部省에 해당한다. 고대古代의 대장성은

이름대로 오히려 창고 책임부서로 생각하는 편이 좋다. 궁내성도 현재의 궁내청에 상당한 관청으로 생각하면, 그 성격을 충분히 이해했다고 말할 수는 없을 것이다.

양로령養老令이 정한 궁내성 장관의 직장職掌은 크게 나누어

(1) 조(調)에 해당하는 식품인 쌀의 관리
(2) 관전(官田=天皇料田)의 경영
(3) 지(贄)의 관리

인데, 이 직장들은 실제로는 궁내성 관할의 많은 관청에서 분담 수행되었다. 예를 들면 쌀은 대취료大炊寮, 지贄는 대선직大膳職 같은 식이었다.

지금 여기서 그 직무분담 상황을 자세히 기술하지는 않겠지만, (1)~(3)의 직장만 보아도 알 수 있다. 이는 (2)·(3)처럼 천황가의 가정家政과 관련한 직장이 보이는 반면 (1)과 같이 국가재정에 관련한 직장도 존재했다는 점이다. 이에 따라 순수하게 가정家政을 위한 하급관청이 존재한 반면, 대선직과 함께 목공료木工寮(=營繕) 및 대취료와 주유사主油司(기름의 관리) 따위의 관청도 흔히 보인다. 궁내성은 결코 천황가의 가정家政만을 처리하는 관청이 아니라, 오히려 천황가를 포함하여 조정 전체의 잡무를 담당하는 부서였던 것이다.

애매한 성격

이 직장은 글자 그대로 조정의 각 분야에 걸쳐 존재했고, 궁내성은 지금까지 들었던 관청을 포함하여 18개에 이르는 하급관청을 거느리고 있었다. 이 숫자는 궁내성과 동격의 다른 성과 비교해도 압도적으로 많다.

앞에서 예로 든 3개의 직장은 령슈에 따른 것이지만, 실제 직무의 일부를 추려낸 것에 지나지 않는다. 궁내성의 직장을 한마디로 말하면, 다른 성의 직장에 들어가지 않는 조정의 서무를 처리하는 부서라 해도 좋을 것이다. 국가기관과 가정기관의 구별이 대단히 애매한 관청이다.

이렇듯 애매한 성격의 관청은 당唐 관제에서는 발견되지 않는다. 중국에서도 시대를 거슬러 올라가면 없지는 않고, 조선의 옛 관제에도 흡사한 관청이 보이지만, 일본 궁내성이 이들을 모범으로 삼았다고 생각하기는 어렵다. 궁내성의 중심적인 직장은 국가재정의 운영과 깊은 관련이 있다. 그리고 궁내성이 앞에서 언급한 성격을 지녔다는 것은 오히려 일본에서 국정國情의 뿌리내린 흔적으로 보인다. 한 나라의 사회나 경제에 관련이 깊은 분야는 외국의 제도를 간단하게 이식하기가 곤란할 것이다.

선직膳職과 궁내성은 이같은 의미에서 유사한 특색이 있다. 그러나 선직의 경우와 달리 궁내성은 그 역사가 하나의 관청으로 정리된 시기는 기껏해야 키요미하라령淨御原슈시대이고, 이전에는 나중에 하급관청을 구성한 여러 관아가 독립하여 직무를 담당했던 것으로 보인다. 어떻든 일본의 입법자는 이들을 정리할 수는 있었지만, 전통의 제약을 받아 궁내성을 중국의 전중성殿中省처럼 순수한 천황가의 가정처리관청으로 만들기가 불가능했던 것이다.

공사公私의 미분화

지금까지 기술한 선직膳職이나 궁내성宮內省을 둘러싼 문제는 일본의 율령국가 성립과 성격을 이해하는 데에 대단히 참고가 된다. 앞에서 선직이 조調와 지贄 모두를 관할했다고 기술했는데, 이는 앞 장에서도 언급한 바와 같이 원래 조調와 지贄가 천황에게 바치는 '미츠키'였기 때문일 것이

다. 천황에게 바친 '미츠키'는 동시에 야마토大和조정에게 바치는 공물이
기도 했다. 그래서 이를 국가재정이나, 황실재정으로 딱히 분류할 수 있
는 것은 아니었다.

　극단적으로 말하면, 일본의 율령국가는 '공사의 구별'을 미분화한 상
태의 조직이 차츰 커져서 제 모습을 갖추었던 것이다. 동일한 국가의 조
세이면서도 '미츠키'와 '니헤'의 전통을 가진 조調에 해당하는 식품과 지
贊는 궁내성의 대선직大膳職에 납입되었고, 조調에 딸린 섬유제품은 오랜
전통에 따라 대장성大藏省에서 거두어들였다. 당唐 제도에 따라 이들이 철
저하게 정비된 것은 지금까지 살펴본 것처럼 대보령大寶令 이후부터로 생
각된다. 그런데 이를 한 껍질씩 벗기면 그 체질을 오랫동안 온존시키고
있었다. 사회가 고정적이고, 중국처럼 방대한 관료기구를 필요로 하지 않
는 일본에서는 오히려 이같은 체제가 지배 상에 유효했다고 할 수도 있을
것이다.

　이같이 선직 목간은 정비된 율령관제의 이면을 아는 중요한 단서를 제
공해 준다. 앞으로 대화개신부터 율령제의 완성에 이르는 일본의 행보를
해명하는 데에 목간의 역할은 점점 더 커질 것이다.

제 8 장

나가야왕가의 목간 읽기

長屋王家

1. 일본어문和文으로 쓴 목간

왕가의 타임캡슐

한 점의 목간만으로도 이것이 말해주는 바가 적지 않다. 그런데 대량으로 발견되었을 때는 그와 또 다른 의미를 던져 준다. 소화 63년(1988)과 이듬해에 걸쳐 발굴된 나가야왕가長屋王家 목간의 경우가 그 좋은 예가 될 것이다.

나가야왕은 지통조持統朝의 태정대신太政大臣인 타케치高市황자의 아들이고, 천무天武천황에게는 손자가 되는 인물이다. 좌대신에까지 올랐으나 신귀 6년(729) 2월 황위를 넘보았다는 이유로 자택이 포위되었다. 이때 아내인 키비내친왕吉備內親王과 아들이 함께 자살했다. 그 저택 자리는 불분명했는데, 백화점 건설에 따른 발굴에서 헤이조궁 부지 바로 동남 편을 조사할 무렵 '나가야황궁長屋皇宮' 앞으로 보낸 하찰이 발견되어 여기가 나가야왕이 살던 저택이라는 결론이 나왔다. 더구나 모두 총수 3만 수천 점이라는 대량의 목간이 나왔던 것이다. 이때까지 전국에서 발견된 목간의 총수가 5만 점을 약간 넘었던 터라, 그 숫자가 얼마나 많은지는 짐작이 들 것이다.

단순히 대량이라는 의미 이상의 중요성이 부각되었다. 나가야왕가 목간의 대부분은 어느 지점에 일괄로 폐기되었기 때문에 보관상태가 좋았다. 그리고 연대도 화동 5년(712)부터 영귀 2년(716)에 집중되었다. 이 시기의 문헌은 거의 『속일본기續日本紀』뿐이었는데, 유력 귀족의 생활을 봉인한 타임캡슐이 새로 출현했던 것이다. 이야말로 출토사료의 강점이기도

했거니와, 목간이 나가야왕을 변變에
이르게 한 동기를 명확히 밝혀 줄 자
료로 기대를 건 것도 당연하다.

목간의 해독

그러나 실제로 목간에 대면하고 나
서, 이 모든 의문을 해결하기가 어려
울 것 같다는 것이 솔직한 감상이었
다. 특히 문서목간에는 이를 도대체
어떻게 읽어야 할 지를 알 수 없는 것
이 몇 점이나 들어가 있었다. 고대의
사료는 일반적으로 숫자가 적은 만큼
해독방법도 어느정도 정해진 것이 많
다. 지금까지 나온 목간은 그 응용을
빌려 우선 해독할 수는 있었다. 그러
나 나가야왕가의 목간은 그러한 유추
가 가능할 것 같지가 않았다. 이러한
경우 목간으로부터 성급히 결론을 도
출하기보다는 한 글자 한 글자 정성
껏 읽어가는 편이 중요하게 생각되었
다. 그래서 시작해 보자는 마음을 먹
고, 작업에 들어갔을 때 의외로 재미
가 있었다. 한 가지 실례를 들어 보기
로 하자(그림 15, 길이 21.9cm).

그림 15 (奈良文化財研究所)

當月廿一日御田 刈竟 大御飯米倉 高稻　　　　　　　　〔앞〕

移依而不得收 故卿等急下坐宜　　　　　　　　　　　　〔뒤〕

비교적 익숙한 한자만을 사용했는데, 보통의 한문으로는 읽을 수가 없다. 이들을 다음과 같이 읽어보면, 의미가 확실해진다.

　　당월當月 21일에 어전御田 예경刈竟하다. 대미반大御飯의 미창米倉은 고도高
　　稻를 바꿈에 의依하여 수收납함이 부득不得이하다. 고故로 경 등卿等이 급急
　　히 내려오셔야 한다.

즉 한자로 쓰기는 했어도 일본어 문맥에 따라 글자가 나열되었을 뿐이다. '의宜'는 보통 '마땅히 …… 해야 한다'로 두 번 읽는 글자이다. 그래서 이를 '해야 한다'라고만 읽을 때 이상하다는 생각이 들지 모른다. 그러나 『일본서기』의 오래된 해독 등을 보아도 '의宜'는 '해야 한다'고 읽는다. '의宜'가 재독再讀되기 시작한 것은 후세의 일이다. 목간의 표기법은 그 나름대로의 논리가 통하는 것이다. 잘 보면, '경竟'·'창倉'·'수收' 아래는 약간 글자의 간격이 떨어져 있다. 이는 문장의 결절부를 알기 쉽게 하기 위해 내놓은 궁리일 것이다.

오쿠리가나送り仮名

이같이 일본어 특유의 오쿠리가나送り仮名가 일본어문으로 들어가도 이상하지 않다. 오히려 들어가는 편이 독해가 확실해진다.

勅旨 石川夫人 糯 阿禮 粟 阿禮 　　　　　　　　　〔앞〕

一々物今二斗進 內東人 　　　　　　　　　　　　　〔뒤〕

(칙지勅旨. 이시카와石川부인에게 찹쌀이든 좁쌀이든 이들 하나하나의 물
품을 지금 2말 진상하라. 우치노아즈마히토內東人)

'아례阿禮' 일본어의 'あれ(아래. …이든)'이다. '찹쌀이든 좁쌀이든 어느
쪽이든 하나를 두 말 바치라'는 의미일 것이다. 일본어학의 연구자에게서
배운 것인데, 헤이안 전기의 문헌에서는 '하나하나一つ一つ'(『우츠호 이야기うつ
ほ物語』「국화의 연회菊の宴」)이나 '한 사람 한 사람一人一人'(『타케토리 이야기竹取物語』)은
'어느 쪽 하나' '어느 쪽 한 사람'을 의미한다. 나가오카경長岡京터 목간에
보이는 '鄕長·里正一々人'이나 이 '一々物'도 같은 용법일 것이다. 다음
의 경우는 조금 알기 어렵지만, 조사에 들어갔다.

以大命宣 黃文萬呂國足 　　　　　　　　　　　　　〔앞〕

朱沙矣價計而進出 別采色入筥今… 　　　　　　　　〔뒤〕

(대명大命으로써 키부미마로黃文萬呂·쿠니타리國足에게 아뢴다.

주사朱沙를 값을 세어서 바치라. 따로 채색采色을 넣은 상자, 지금…)

뒷면의 '의矣'는 한문에서는 독법이 없는 이른바 置き字이다. 그러나
『고사기』상권에서는 '所知高天原矣', 『만엽집』에서는 '浪矣恐'(권3·249)
처럼 조사 '~를を'로 사용하고 있다. 목간의 '의矣'도 이 사용법에 따라
가조의 뜻으로 특별히 표시한 것으로 보인다. 그렇다면 다음의 목간은 이
제 읽을 수 있을 것이다.

符　召醫許母矣進出急々　　　　　　　　　　　　　〔앞〕

五月九日　家令　　　　　　　　　　　　　　　　　〔뒤〕
　　　　　家扶

(부符한다. 의사 코모許母를 불러 올리기를 급급急々히 하라.

5월 9일. 가령·가부)

코모許母는 당시 의사로서 명성이 높았던 코코모甲許母라는 사람이다(부符에 대해서는 후술).

한자어漢語와 일본어

　문장이 일본어이기 때문에 여기 나오는 한자어도 일본풍으로 훈독할 의도를 가지고 쓴 것으로 보아도 좋다. 지금까지 후리가나振り仮名를 달았던 단어 따위도 그렇다. 예를 들면 목간에 나타나는 인명 중 하나에 '야마가타황자山形皇子'라는 것이 있다. 이 사람은 '山方王子'·'山方王'이라고 쓴 인물과 동일인이다. 그래서 나가야왕의 여동생인 야마가타山形여왕으로 보인다. '황자皇子'라고 하면, 보통 천황의 아들이나 형제를 가리킨다. 그리고 '왕王'은 천황의 손자 이하의 세대를 말한다. 그러나 목간의 '황자'·'왕자'·'왕'은 '미코'라는 일본어에 다른 글자가 대입되었을 뿐일 것이다. 정확하게 말하면, 여성은 '히메미코'인데, '미코'일 경우 남녀 모두가 포함된다.

　이같은 표기법이 이루어졌다면, 목간에 나오는 다른 용어도 그냥 그대로 받아들일 수는 없다. 앞에서 본 '칙지勅旨' 목간 따위가 그 전형적인 예이다. 이 경우 '칙지勅旨'를 빌려 명령을 내리는데, 그 내용은 천황의 명령 같지는 않다. 이는 다른 목간에 보이는 '대명大命'과 마찬가지이다. 일본어인 '오미코토'를 대체한 글자에 지나지 않을 것이다. '오미코토'

중에는 '長屋親王御命符'와 '吉備內親王大命以符'라고 쓴 것도 보인다. 그러나 이들은 한두 개정도이고, 대부분은 명령자를 명시하지 않았다. 이는 나가야왕의 명령을 가리키는 것으로 보아도 될 것이다.

2. 느슨한 어법

칙지勅旨와 총명寵命

'대명'이나, '칙지'는 원래대로 한다면, 황제나 천황의 명령을 의미한다. 그러나 예의바르게 표현하려면 할수록 본래의 의미에서 멀어진다. 이는 널리 쓰이는 말에 늘쌍 생기는 일이다. 이 종류의 용어도 예외는 아니다. 나가야왕가 목간보다는 시대가 조금 거슬러 올라가지만, 후지와라궁 터에서 출토된 700년 전후의 목간에 '총명'이라는 말을 사용한 일본어문이 보인다(본서 172면, 그림 20). '총寵' 아래 글자에 남아 있는 자획과 사이타마현의 코시키다유적에서 나온 다음의 목간을 참고로 하면, 명확히 '총명'으로 읽어도 된다.

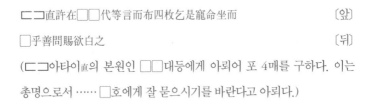

　　匚コ直許在□□代等言而布四枚乞是寵命坐而　　　　　　〔앞〕
　　□乎善問賜欲白之　　　　　　　　　　　　　　　　　　　〔뒤〕
　　(匚コ아타이直의 본원인 □□대등에게 아뢰어 포 4매를 구하다. 이는
　　총명으로서 …… □호에게 잘 물으시기를 바란다고 아뢰.)

후지와라궁의 목간과 거의 동시기의 것이다. 문장구성도 상당히 흡사하다. '총명'도 본래는 황제의 명령을 의미하는 말인데, 이 역시 단순한 '오미코토'일 것이다. 또 포 4장을 구한다는 내용은 대명을 따른 것이다. 도읍을 멀리 떠난 코시키다유적 목간에 칙명이 나온다고 생각하는 사람은 우선 없을 것이다. 후지와라궁 목간의 '총명'도 상사의 명령으로 생각

하는 편이 좋다. 이같이 '오미코토'는 일상통신문 속에서 다양한 글자를
사용하여 넓은 의미로 쓰였던 것이다.

율령의 용어

　7세기 말에서 8세기 초에는 키요미하라령이나 대보율령이 시행되어 제
도상 확실한 의미와 내용을 가진 한자어가 이미 있었다. 그러나 목간처럼
임시변통으로 쓰는 문장에서는 그다지 엄격한 표기법이 요구되지 않았
다. 더욱이 나가야왕가 안에서 주고받은 문장이라면, 더 그러했을 것이
다. 중국과 달리 일본에서는 애당초 대상에 맞추어 용어를 자세히 구분해
서 쓰는 관행이 발달하지 못했다는 점도 발달되지 않았던 것도 고려되어
야 한다. 중국의 상식에서 보면, 왕의 명령을 '칙지'와 '대명' 따위로 썼
다는 사실 자체가 주제넘기 이를 데 없는 일일 것이다. 그러나 일본의 당
사자들에게는 그 정도의 의식이 없었다고 보는 것이 좋다.

　이와 유사한 예로 나가야왕가 목간에는 '행행幸行'이라는 용어도 보인
다. 이는 '행행行幸'과 동일하고, 원래는 천황의 여행을 의미한다. 그러나
목간의 경우는 이를 단순히 귀인의 외출 정도를 표현한 것 같다. 또한 식
량을 지급받은 사람 중에 '시종侍從'이 보이는데, 이 또한 율령으로 정한
천황의 시종이라기 보다는 신분이 높은 사람 가까이서 시중드는 사람(오모
토히토)을 가리키는 말이 틀림없다. 동일한 목간 중에는 이를 '어소인御所
人'이라는 일본풍 말로 쓴 것도 있다. '어소御所'는 '오모토ォモト'이다. 그
외에 '어허御許'·'대허大許'라 쓰이기도 한다. '칙지勅旨'의 목간(139면)에
보이는 '부인夫人'도 율령에 정하는 천황의 부인이 아니라, 귀족의 아내를
나타내는 '오호토지ォホトジ'라는 일본어를 한자어로 쓴 것이다.

일본어문을 쓰다

이런 식으로 써 내려 가면, 대단히 자의적인 해독을 하는 것처럼 받아들일지도 모른다. 그러나 저명한 고대의 문헌에도 동일한 표기의 문장이 존재한다. 지금까지 예로 제시한 『만엽집』도 그 중 하나이다. 특히 카키노모토노 히토마로柿本人麻呂의 노래 중에는 조사가 자세히 표기되지 않은 약체가略體歌로 불리는 것이 있다. 이는 다음과 같은 목간의 문장을 연상시킨다.

遠山 霞被 益遐 妹目不見 吾戀(권11 · 2426)

(먼산에 안개가 자욱하여 점점 더 멀리 님이 보이지 않으니, 나 그립구나)

산문에서는 『고사기』를 예로 들 수 있을 것이다. 『고사기』에는 '왕자王子'라는 표기가 자주 나오고, 야마토타케루노미코토倭健命의 행동을 '행행幸行'이라 쓰고 있다. '대명大命'도 『고사기』에 보이는데, 이는 오로지 천황의 명령을 가리키는 용법이다. 그러나 야마토타케루노미코토가 명령한 것을 쓸 때는 '조詔'라고 표기했다. 이는 천황 이외에 '조詔'자를 사용한 실례일 것이다. 또한 목간에는 나가야왕가의 가정기관으로서 '수취사水取司'(모히토리노츠카사. 물리안 어름을 관리 · 공급한다)가 보인다. 이를 율령제하의 관청에 따라 표기하면, '주수사主水司'가 되어야 하는 부서이다. 『고사기』에도 인덕仁德천황의 황후인 이와노히메石之日賣를 수행한 '모히토리노츠카사'가 나오는데, 이 역시 목간과 마찬가지로 일본풍에 따라 '수취사水取司'라고 썼다.

유사한 부분은 이러한 단어의 표기만이 아니다. 『고사기』의 원문을 조금이라도 들여다보면, 순수한 한문과는 거리가 멀다. 선인先人들이 고심한 훈이 붙었기 때문에 읽을 수는 있다고 말해도 과언이 아닐 것이다.

일상표기의 세계

정식 한문으로 쓴 『일본서기』를 『고사기』는 일본 재래의 어법이나 단어를 애써 남기려고 한 흔적이 보인다. 이 때문에 서문에도 보이는 것 처럼 편찬자인 오노 야스마로太安萬侶는 엄청난 고생을 했던 것 같다. 그러나 『고사기』의 용어나 문체는 완전히 새롭게 고안된 것은 아니고, 당시에 일반적으로 이루어진 것을 베이스로 삼았음이 틀림없다. 『고사기』가 완성된 화동 5년(712)은 바로 나가야왕가 목간의 시대와 겹친다. 이 양쪽에 공통되는 일상표기의 세계가 이들 배경에 깔렸다고 보아도 된다. 이렇게 되면 목간의 문장이나 용어를 단순히 어떻게 읽으면 좋을까와 같은 문제를 떠난다. 그 자체로 8세기 초의 문화가 엿보이는 둘도 없는 자료로 여길 수 밖에 없다.

일본어와 한자어의 낙차

시행된지가 10년 남짓한 대보율령의 침투상황을 엿보는 데에는 목간의 이같은 표기가 절호의 척도가 될 터이다. 앞 장에서 일본의 율령제에 보이는 오래된 시대의 흔적이나, 미성숙한 부분을 썼는데, 언어적인 측면에서도 율령의 정착은 용이하지 않았을 것이다. 율령제도는 의미와 내용이 명확한 한자를 구분해서 사용할 때 비로소 성립된다. 한자어에 알맞는 일본어가 애매할 때 율령의 유효한 운영은 바랄 수 없을 것이다. 화동 4년(711) 7월의 조칙에는 "율령을 설치한 것은 이미 오래되었다. 그렇지만 불과 한 두 가지를 시행하였을 뿐, 전부 시행하지 못하고 있다"고 하는 내용이 나온다. 이러한 갭을 배경으로 한 한탄으로도 이해된다. 실제로 일본어와 한자어의 불일치는 심각했던 터라, 신귀 원년(724) 3월에 성무聖武천황의 어머니인 후지와라노 미야코藤原宮子의 칭호를 결정할 때에도 "글

자로 쓸 때에는 황태부인皇太夫人, 구두로는 오미오야大御祖"라고 정했을 정
도였다. '오미오야'는 본래 '어머니' 정도의 의미밖에는 별다른 의미가
없다. 선제先帝의 부인夫人(왕비의 지위 중 하나)이고, 지금 천황의 어머니를 가
리키는 '황태부인'과는 전혀 동일시할 수 없는 간단한 말인 것이다.

이 틈을 메우는 간단한 방법은 한자어를 그대로 음독해서 사용하는 것
이다. 한자어에 일본어를 대입시키는 일은 나중에까지 이어진다. 그러나
한편으로 '황태후皇太后'를 '오호키사키'가 아니라, '오다이고'라고 음독
한 것도 8세기 중반에야 널리 퍼졌다. 율령이 정한 '천자天子'·'천황天
皇'·'황제皇帝' 등의 칭호조차 원래는 글자에 관계없이 '스메미마노미코
토'라고 불렀던 것이(『령집해令集解』 의제령儀制令) '텐노', '오다이'와 같이 음으
로 칭하기에 이른다. 한자어에 일본어를 대입하는 것은 이른바 번역을 하
는 것인데, 이를 무리하게 다루면, 음독으로 통용시키는 결과를 빚는다.
이를테면 영어를 카타카나어로 하여 일본어에 도입시키는 것과 똑같은
발상인 것이다. 이 유연함은 율령제뿐만 아니라 중국문화 전반을 정착시
켰다고 말해도 좋을 것이다.

3. 장문을 읽어 보자

가령家令의 명령

이쯤해서 목간의 표기가 지닌 특색을 염두에 두면서, 50㎝가 넘는 〈그림 16〉(길이 51.5㎝)의 목간에 도전해 보자.

이 만큼 길면 일이 간단하지 않지만, 대체로 다음과 같이 요약할 수 있다(단락은 숫자로 나타낸다).

以大命符牟射廣足等 (1)橡煮遺絁卅匹之中伊勢絁十匹大「御」服煮 今卅
匹宮在「加」絁十匹幷卅匹煮今急々進 (2)「山方王白襆取而進出 珎努若
翁御下裳代納辛櫃皆進出」 出 (3)又林若翁帳內物萬呂令持煮遺絁二匹急
進出 淨味片絁曾 持罷御褌代帛絁易絁進出 (4)又志我山寺都保菜造而
遺若反者遺支 (5)鏡鈴直彼行 (6)大御物王子御物御食土器无 故此急進上
主殿司仕丁令持進上酒司 充羽鳴 (7)又尺戶角弓田井百鳴不見 (8)又太御
巫召進出 (9)附田邊史地主 五月十七日 家令 家扶

대명으로써 무사인 히로타리 등에게 부符한다. (1)도토리를 삶아서 보낸 시絁 40필 중에 이세伊勢의 시絁 10필은 대어복大御服으로 삶아라. 나머지 30필은 궁에 둔 10필을 더하여 함께 40필을 삶아 지금 급히 바쳐라. (2) 야마카타 왕山方王의 하얀 침구를 얻어서 바치라. 치누약옹珎努若翁 어하상御下裳의 대대代는 신궤辛櫃에 수납하여 모두 바치라. (3)또한 하야시약옹林若翁의 장내帳內인 모노마로物萬呂에게 명하여 삶는 데에 쓸 시絁 2필을 급히

바쳐라. 정결하고 맛난 편시片絁이
다. 가지고 나간 어곤대御褌代의 백
帛은 시絁로 바꾸어 이 시絁를 바치
라. (4)또한 츠호나都保菜를 만들어
시가산사志我山寺에 보내라. 약반若
反한 것은 이미 보냈다. (5)거울과
방울의 값은 그쪽에서 행하라. (6)
대어물大御物과 왕자의 어물御物인
어식御食의 토기가 없다. 고로 여기
에 급히 진상하라. 주전사主殿司 사
정仕丁에게 명령하여 주사酒司에게
진상케 하라. 하시마羽嶋에 충당하
라. (7)또한 사카토노 츠노유미尺戸
角弓와 타이노모모시마田井百嶋가 보
이지 않는다. (8)그리고 태어무太御
巫를 불러들여라. (9)타나베노후비
토 지누시田邊史地主에게 부친다. 5
월 17일 가령家令 · 가부家扶

이것은 가령이 주인의 명을 받아 무사
와 히로타리 두 사람에게 전달한 명령이
다. '부符'는 공문서의 서식 중 하나이
다. 상사가 내린 명령을 가리킨다. 율령
중의 공식령公式令이라는 장에는 부符를
비롯하여 각종 공문서의 서식이 실렸고,

그림 16 (奈良文化財研究所)

그 문언도 자세히 규정되었다. 그런데 여기는 '부' 라는 칭호뿐이고, 서식과 문언 모두는 그것과 전혀 맞지 않는다. 오히려 '오스仰す('명하다' 라는 뜻)'와 같은 일본어를 '부' 로 표시한 것으로 보는 편이 좋을 것 같다.

가령家令의 구성

그런데 이 서두에 이어서 본문이 나오는데, 이는 뒤에서 다루기로 하고 마지막 부분을 우선 보기로 한다. 여기는 날짜와 책임자의 직명이 들어가 있다. 가령은 '카미' 이고, 가부는 '스케' 이다. 이에 따라 명령은 가정을 처리하는 직원이 발한 것을 알 수 있다. 본래라면 각자가 사인을 하는데, 여기서는 목간의 필자가 대필하고 있다. 목간에서는 이같은 일은 목간에 드물지 않게 보인다. 서두에 쓴 수신인명 중의 한 사람인 히로타리廣足는 다른 목간에서 '종 히로타리從廣足' 라든지, '종칠위하 이와키노스구리 히로타리從七位下石城村主廣足' 로 나오는 인물과 동일인일지도 모른다. '종從'은 3등관인 '조' 이다. 이와 같은 직원을 총칭하여 가령家令이라 부르는데, 가령을 얼마만큼 둘 수 있는가는 역시 율령 속에 규정이 있다. 여기 나오는 직원은 나가야왕가에는 어울리지 않은 것인데, 이에 대해서는 나중에 언급하기로 한다. 그리고 일단 왕가의 가령 이야기를 계속하겠다. 아울러 가령은 특정 집안에 종사하지만, 국가의 관리이다. 다만 주가主家에 근무 평정이 위임되었다는 데서 알 수 있듯이, 그 집안과의 결속이 강했다.

도토리 염색

용건은 상당히 많다. 우선 처음에 왕이나 그 가족의 옷감이 되는 시紬(일반적인 평직의 비단)를 지시한 내용이 있다. 단락마다를 보면, (1)은 시紬를 염색할 것을 명하고 있다. '대어복大御服'은 이 경우에 나가야왕의 옷일 것이다. 상橡이라는 것은 도토리를 의미하는데, 그 즙으로 비단이나 종이를 염색하는데 썼다. 색을 내기 위하여 넣는 매염제媒染劑에 따라 색깔이 달라지는데, 보통은 황갈색이다. 『만엽집』에는 오토모노 야카모치大伴家持가 옷에 빗대어 바람기를 경계한 노래가 있다.

다홍빛은 바래는 법, 도토리 염색이라 해도 익숙한 옷에 역시 미치겠나요

(권18 · 4109)

색 바랜 다홍색 옷보다는 황갈색 도토리 염색 옷이 좋다는 노래인데, 야카모치도 도토리 염색 옷에 익숙했던 것이 틀림없다. 다홍색이 바래면 황갈색이 된다. 도토리 염색이라고 하면, 노예가 입는 검은 색이라고 해설되는 경우가 많다. 그런데 이는 전부가 아니라는 사실을 이 노래에서도 알 수 있다. 목간에 나오는 시紬는 왕의 평상복으로 사용되었을 것이다.

'와카미타후리'

(2)는 문장의 연결 상태나, 먹의 색깔과 더불어 글자가 작은 것으로 보아 가필한 문장이다. '욕褥'은 깔개이고, '치누약옹珎努若翁'은 나가야왕의 자식 중 한 명일 것이다. 목간에는 '약옹若翁'을 붙여서 호칭되는 인물이 몇 사람 있는데, 그 중 한 사람이 '마토카타약옹圓方若翁'이다. 이 인물은 나가야왕의 딸인 마토카타여왕圓方女王으로 추정되고 있다. 약옹若翁은 젊은 남녀의 어른을 가리키는 존칭으로 보아도 좋다. '약옹若翁'은 '약왕若王'의 차자借字로 해석하는 사람도 있지만, 그렇다면 굳이 '약옹若翁'이라고 쓸 필요는 없을 것이다. 고대에는 '옹翁'은 '오우'이고, '왕王'은 '와우'여서 발음도 다르다(⇒현대 일본어에서는 '翁'도 '王'도 똑같이 '오우'이다). 나

는 이 두 글자가 '와카미타후리'라는 고어를 나타낸 차자가 아닐까하는 생각하고 있다. 이 말은『수서隋書』의 왜국전倭國傳에 왜국倭國에서는 태자를 '리가미다불리利歌彌多弗利'라고 한다는 내용이 나온다. 앞의 '리利'는 '화和'의 오류로 보는 것이 정설이다. 그러나 헤이안시대가 되면, 황통을 잇는 젊은 어른을 가리키는 '와칸토호리'라는 말이 나온다. 그 오래된 형태가『수서』의 '와카미타후리'라고 하는 설이 옛날부터 유력하다. 그리고 헤이안시대 이래의 한자의 옛 독법을 집성한『자경초字鏡抄』라는 사전(카마쿠라鎌倉시대에 성립)을 보면, '옹翁'에 '타후레누'라는 훈이 붙어 있다. '와카미타후리'에 '약옹若翁'이라는 차자借字가 들어가도 이상하지 않을 것이다.

  '하상下裳'은 안에 입는 주름치마 같은 옷(⇨下袴)인데, 상裳은 보통 여자의 스커트 모양의 의복이다. 그래서 치누약옹도 여왕일지 모른다. 대代는 하상下裳으로 만든 옷(⇨繐)을 의미한다.

  (3)의 모노마로物萬呂는 젊은 어른을 받드는 장내帳內(=토네리)이다. 장내帳內는 본래 친왕親王과 내친왕內親王에게 내리는 것이다. 천황이나 황태자의 비를 보필하는 '사인舍人' 또는 귀족이나 고관에게 내리는 '자인資人'과는 구별된다. 그러나 나가야왕가의 목간에는 저택 안에 근무하던 오하리다노 미타테小治田御立라는 인물이 '사인舍人'으로 기술되어 엄밀한 구분을 하지 않았을 가능성이 짙다. 실제로 목간에 나타나는 것이 거의 '장내帳內' 뿐인 이유는 그런 탓일 수도 있다.『속일본기』에서도 좌대신 이소노카미노 마로石上麻呂의 자인資人을 '사인舍人'이라고 쓴 예가 있다. '곤褌'도 안에 입는 치마 같은 옷이지만, 이는 남성용이다. '백帛'은 누빔질한 비단이다. 이와 달리 '시絁'는 생사로 짠 비단이다. '정결하고 맛난 편시片絁'란 위의 시絁 2필을 받아, '깔끔한 상품의 단단하게 짠 비단'이라고 강조한 것이다.

'오치카헤루'

(4)의 시가산사志我山寺는 시가현滋賀縣에 유적이 남은 숭복사崇福寺이다. 이 절은 천지天智천황의 발원으로 건립되었다. '츠호나都保柰'는 불분명하지만, 야채를 보낸 것으로 보인다. 나가야왕이나 키비내친왕의 외조부는 천지天智천황이므로 나가야왕가가 시가산사에 원조를 행했을 가능성이 있다.

여기서 흥미를 끄는 것은 '약반若返'이라는 말이다. 이는 한문이라면, 당연히 '만약에 되돌리면' 등으로 읽을 부분이다. 그러나 이를 가지고는 의미가 통하지 않는다. 그래서 목간에 나오는 말 중에는 순수일본어로 이해할 부분이 많다는 사실을 알아야 한다. 『만엽집』에는 '약반若返'을 '오치카헤루'라고 읽은 실례가 나온다(권6·1064, 권12·3043). '소생하다'나 '젊어지다'라는 의미인 것이다. 이 경우에는 야채이므로 새로 난 것이라는 의미 정도로 보인다.

(5)는 거울이나 방울의 대가를 그쪽에서 지출하라고 하는 뜻이다. '피彼'는 '거기'이다. 『하리마국풍토기播磨國風土記』등에 예가 있다.

(6)의 '대어물大御物'은 역시 '나가야왕의 것'이라는 의미로 보인다. '차此'는 '피彼'와 다른 의미인 '여기'(『만엽집』권6·1050 외)를 말한다. '주전사主殿司'나 '주사酒司'는 조정의 주전료主殿寮 및 조주사造酒司가 아니라, 나가야왕가에 속한 직장職掌 분담으로 보인다.

(7)은 두 사람이 출사하지 않았다는 의미와 같다.

(8)의 '무巫'는 주술과 치료를 직업으로 하는 무녀巫女이다. '태어무太御巫'라고 되어 있기 때문에 이는 보통 무녀가 아니라, 조정의 신기관神祇官에 출사하는 '어무御巫'일 가능성이 높다. (5)를 보면, 거울이나 방울이 준비되었던 것으로 보여 이들 물건을 가지고, 어떤 제사나 주술이 이루어졌을 지도 모른다.

⑼는 타나베노후비토 지누시田邊史地主에게 이 목간을 지참토록 했다는 것을 기록한 것이다.

이 목간은 '거기' '여기'와 같은 용어에서 알 수 있듯이 헤이조경을 벗어난 지역에서 나가야왕 저택으로 보낸 것이다. 다른 목간을 참고로 하면, 발신지는 아스카飛鳥의 옛 도읍지에 자리한 왕가의 별채였던 것 같다.

4. 나가야왕의 실상

왕가의 조직

　이상으로 목간의 내용이 대략 이해가 되었을 것으로 생각한다. 그러나 이것으로 모든 것이 끝난 것은 아니다. 목간은 도대체 우리들에게 무엇을 말해 주는 것일까. 오히려 목간을 '읽는 것'은 이제부터 시작되는 것이다. 문제는 여러 가지 이지만, 지금 읽어 보는 목간으로 나가야왕의 권세를 생각해 보자.

　앞에서 목간에 나타난 가령家令을 서술했을 때, 그 가정기관이 나가야왕이나 키비내친왕에게는 어울리지 않는 규모였다는 사실을 밝혔다. 이와 관련한 목간에 나타난 규모는 가령家令, 가부家扶, 가종家從, 대서리大書吏, 소서리小書吏로 구성으로 되었음을 알 수 있다. 이는 제도적으로는 이품의 관위를 지닌 친왕과 내친왕이나, 이위의 귀족이 아닐 경우는 인정되지 않는 규모이다. 당시에 나가야왕은 종삼위이고, 키비내친왕은 삼품에 지나지 않았다. 이 모순은 도대체 어디에서 오는 것일까.

　이같은 경우 연구자는 몇 가지 가능성을 생각할 수 있다. 첫 번째는 이 규모의 가정기관을 둘 수 있는 인물이 나가야왕과 동거했던 것은 아닐까라는 생각이다. 지금까지 후보로 오른 인물은 키비내친왕의 언니인 히타카氷高내친왕(후의 원정元正천황)이나, 나가야왕의 어머니인 미나베御名部내친왕이다.

　또 하나의 가능성은 나가야왕이나 키비내친왕에 대하여 특별히 커다란 가정기관을 두도록 용납한 것은 아닐까 라는 것이다. 나가야왕보다 먼저 죽은 후지와라노 후히토藤原不比等의 경우는 사후에 태정대신의 관이 증여되어 그 직에 부수한 자인資人을 그대로 두었던 사실이 있다. 또한 좀 나중의 일이지만, 후히토의 아들인 후사사키房前의 경우도 사후에 좌대신이 증여되었는데, 그 가격家格에 상응하는 가정기관이 아들인 나가테永手의 대에도 그대로 두었다(鳥毛立女屛風下貼文書). 나가야왕의 아버지는 정광일淨廣壹(=이품)의 관위를 지녔던 타케치高市황자이고, 키비내친왕도 마찬가지로 정광일이다. 그리고 황태자였던 쿠사카베草壁황자의 딸이기도 했다. 아버지의 가정기관을 그대로 두는 것이 용납되었다면, 규모의 크기는 당연했을 것이다.

물려받은 저택

나는 후자의 가능성이 높다고 생각한다. 앞에서 든 장문의 목간에서처럼 문중에는 약옹若翁을 둘러싼 세세한 지시가 있다. 독신으로 자식이 없었던 히타카氷高내친왕의 경우 그 가령家令들이 그같은 일에까지 관여했을 것으로 생각하기 어렵다. 더구나 즉위한 영귀 원년(715) 이후에도 이 전택에 가정기관을 두었다는 것은 부자연스럽다. 또한 미나베御名部내친왕이었다면, 이만큼 많은 목간에 이름이 전혀 나오지 않을 리가 없을 것이다.

다만 대·소가 붙지 않고, '서리書吏'라고만 서명한 점표와 '從七位上行家令赤染造豊嶋'라고 쓴 단간斷簡 등은 있다. 이는 종삼위인 나가야왕의 가정기관에 어울린다. 쿠사카베草壁황자의 궁은 시마궁嶋宮이라 하여 따로 두었기 때문에 이전의 타케치高市황자의 궁이 나가야왕에게 전해지고, 그 조직에 왕이나 키비내친왕의 기관이 들어온 것이 아니었을까. 하찰 등에 수신자로 나오는 '북궁北宮'은 타케치 황자의 궁을 말하는 것이 아닐까 하는 생각도 든다. 이 결론은 목간의 연구가 좀 더 진전되는 것을 기다릴 수밖에 없을 것 같다.

어쨌든 나가야왕 부처가 아버지의 집을 계승했다면, 다른 목간에 나오는 사실도 무난히 설명할 수 있다. 예를 들면, 빙실氷室의 영유도 그 하나이다. 목간 중에는 화동 4·5년(711, 712) 여름에 츠게都祁(나라 현 츠게 촌)의 빙실에서 어름을 운반시켰을 때의 기록이 있다. 율령의 규정에는 여름에 고관 등이 죽었을 경우 그것이 친왕이나 삼위 이상인 자에게라야 유체 방부용遺體防腐用 어름이 지급하게 되어 있었다. 다시 말하면 설령 친왕이라도 자기의 빙실은 가질 수 없는 것이 원칙이었다. 이같은 특권 역시 아버지의 것을 이어받은 것으로 생각할 수 있을 것이다.

'친왕親王'·'대지大贄'의 의미

마지막으로 하나 더 보고자 하는 목간은 〈그림 17〉의 하찰(길이 21.4cm)이다. 이 목간은 해독이 곤란한 부분은 없다. 다만 문제는 '나가야친왕長屋親王'이라든지, '대지大贄'와 같은 용어를 어떻게 볼 것인가이다. 이들의 해석은 지금까지 기술한 나가야왕의 권위와 깊이 연관한 것은 말할 필요도 없다. 이미 살펴본 바와 같이 '황자皇子'와 '왕王'을 구분하는 데에 따른 커다란 의미의 차이는 인정되지 않았다. 이 경우 '친왕'도 일본어의 '미코'에 해당하는 것으로 보아도 될 것이다. 이 밖에, '나가야황자長屋皇子'와 '나가야황長屋皇'이라고 쓴 목간도 나오는데, '황皇'은 '왕王'과 통할 것이다. 이와 같은 어법은 당시 사람들이 왕 자신을 포함한 친왕(황자)과 왕을 그리 엄격하게 구분하지 않았음을 보여 준다. 나가야왕의 실제 위상은 광의의 '미코'이고, 친왕과의 차는 애매한 것으로 보아도 좋을 것이다.

본래는 천황의 음식을 의미하는 대지大贄가 나가야왕에게 공진되었던 것도 이 같은 사정과 무관하지 않을 것이다. 이 하찰은 마른 전복을 싼 짐에 묶었던 것으로 보이는데, 양단에 끈을 달아서 글자가 가리지 않게 제작

그림 17
(奈良文化財研究所)

되었다. 이는 다음 장에서 다룰 헤이조궁터의 지贄 목간(112면, 그림 11)과도 공통된다. 잘 보이는 것을 의식한 부찰이다. 이 지贄는 헤이조궁에서 건너온 것이다. 그래서 헤이조궁에서 쓴 하찰이 아닐까 하는 의심이 들지만, '친왕親王'이라는 용어가 수상하다. 이에 따라 역시 현지에서 온 하찰일 것이다. 보통은 어떠한 형태로 공진한 지명을 넣는데, '長屋親王宮'라는 수신자만 기록하고 끝낸 것은 왕가에서 공진지를 잘 알기 때문이라고 보아도 된다. 천황의 경우는 킨키近畿 지방에 지贄를 공진하는 특수한 어민집단이 지정되었다. 이를 잡공호雜供戶라고 불렸다. 나가야왕가에도 이와 유사한 어민의 지배가 인정되었고, 이 지贄도 그런 집단에서 왕가로 보내진 것이 아닐까 하는 추론이 가능하다. 목간에 따르면, 왕가에는 우유도 들어가 이를 달여 소蘇도 만들었던 것 같다. 젖소를 길러 착유하는 유호乳戶도 품부品部라는 특별한 집단이었다. 왕가는 직간접적으로 유호도 이용했던 것이다. 나가야왕가에 이같은 특권이 용납되었다면, 이 역시 어버지의 것을 계승한 것으로 보아야 할 것이다.

나가야왕의 모반사건은 적대세력인 후지와라 씨의 음모라는 것이 당시부터의 일치한 견해이다. 그러나 목간에서 해독되는 왕가의 일상은 나가야왕이 일개의 황손이 아니었다는 사실을 우리들에게 제시하고 있다. 왕이 유력한 황위계승자로 보이는 조건이 확실히 존재했던 것이다.

제 9 장
한자 · 만엽가나 · 가나
萬葉假名

1. 서풍이 바뀌다

능필能筆

기계화가 진전된 오늘날에도 글씨를 잘 쓰고 못쓴다는 것은 다른 사람에게 주는 인상이라는 점에서 역시 커다란 의미를 가지고 있다. 지필이 지닌 의미가 없어지지 않는 한은 이 점 역시 금후에도 변함이 없을 것이다.

목간에 보이는 고대인의 글씨에도 능필과 악필이 보여 실로 다채롭다. 그래서 고대인의 육필을 대량으로 볼 수 있는 목간의 발굴은 하나의 성과로 평가 해도 좋을 것이다. 목간의 내용은 물론 거기 쓴 글자의 모양과 형태는 때로 역사의 중요한 한 단편을 알려 주는 경우가 있다.

활자에 익숙한 현대인의 눈에는 목간의 글씨가 그다지 능숙하게 못 느낄런지도 모른다. 그러나 누가 보아도 능필이라고 인정할 글씨가 있다. 지금까지 살핀 목간으로 말하면, 〈그림 6 · 그림 7(86면) · 그림 8(92면)〉의 근무평정 목간과 〈그림 11(112면)〉의 나가토국長門國의 지贄의 하찰 등이다. 정창원에 전해 내려오는 나라시대의 공문서를 보아도 지방에서 중앙으로 보고한 정세장正稅帳 등의 장부에는 잘 정돈된 해서楷書체의 양식미를 발휘한 것이 많다. 이들 목간의 글씨는 거의 능필로 보아도 좋을 것이다.

이는 우연이 아닐 것 같다. 근무평정 목간은 제5장에서 자세히 서술한 것처럼 일종의 사무용 카드에 지나지 않는다. 그러나 사무 진행 과정에서 대신이나, 천황의 체크를 받는 기록이다. 또한 지贄의 하찰도 전부는 아니지만, 정돈된 글씨의 하찰이 많다. 그리고 끈으로 묶어도 글자가 가려지지 않도록 정성껏 만들었다. 끈과 글자의 관계는 〈그림 9(103면) · 그림 10(106면) · 그림 13(124면)〉의 하찰에서 확인할 수 있다. 지贄는 천황에게 올리는 공헌물이라서 만듦새와 글씨에 모두 정성을 들인 흔적이 많은 실물에서 보인다. 중앙으로 보고한 문서와 마찬가지로 이들 목간의 필자는 솜씨를 한껏 발휘했을 것이다. 모두가 당唐에서 유행한 최신 양식을 따른 글씨이다.

자형字形

목간은 일회용 용구였기 때문에 이처럼 필치가 뛰어난 목간은 드물었다. 대다수의 목간은 글씨를 잘 쓰고 못썼다는 점은 논할 수 없다고 해도 과언은 아니다. 그러나 읽기가 힘든 목간의 글씨도 조금 들여다보면, 역시 시대의 흐름 같은 것이 배었다는 사실을 곧 깨닫는다. 예를 들면 헤이조궁 목간에 익숙해져서 그 보다 오랜 후지와라궁 목간을 보면, 대단히 읽기 힘들다는 첫인상을 받는다. 나 스스로도 이전에 목간을 다루면서 이를 실감했다. 베테랑 연구자들에게 물어보아도 같은 인상을 받는것 같다.

차츰 깨달은 것이지만, 오래된 목간이 읽기 어려운 것은 아무래도 자형이 주요한 원인이었던 것 같았다. 우리들은 활자에 익숙했던 터라, 글자를 형태로 기억하게 마련이다. 어떤 글자를 보아도 무슨 글자일 것이라는 직관을 앞세워 읽기가 쉽다. 그러나 고문서를 읽는 경우 갑자기 이런 식의 해독을 하면, 예상이 빗나가고 만다. 기본적으로 구사한 글자 한 획 한 획을 쫓으면서, 붓을 움직여 보는 방향으로 판단하는 노력이 필요한 것이다. 목간을 읽을 경우에도 물론 이같은 방식을 병용하는 가운데 읽어 내려간다. 더구나 오래된 목간은 이를 더 통감하게 된다. 즉 막연히 글자의 형태를 보는 것만으로는 막혀 버리는 글자가 많은 것이다.

글자체의 변화

특히 읽기 힘든 것은 아닌데, 〈그림 13(124면)〉에 들어간 후지와라궁의 하찰을 예로 들어 살펴보자. '아와평阿波評'의 '아阿'나 '와波'를 이런 식으로 쓸까 하는 의문이 든다. '아阿'는 편偏이 높고 방旁이 낮은 기묘한 구성이다. '와波'에서는 삼수변이 방의 좌측에 옆줄을 세 개 그린 듯한 형태로 되어 있다. 이 '와波' 같은 예는 아무런 설명도 없이 읽으라고 하면, 당황하는 사람도 있을 것이다. 그러나 이같은 '와波'라도 필자가 쓴 붓의 흔적을 한 획씩 따라 가다 보면, '와波' 이외에 잘못 읽는 일은 없다. 후지와라궁이나 그 이전의 아스카경飛鳥京 목간 등에는 이러한 글자가 많다. 더구나 땅 속에 묻혀 먹이 바래기도 했기 때문에 읽기 어려운 것이다.

간단히 생각하면, 언밸런스한 구성은 글자가 서툰 결과로 받아들이기 쉽다. 그러나 이는 목간 필자의 악필이라기 보다는 오히려 스타일의 차이로 보는 것이 옳을 것이다.

잘 알려진 것처럼 중국에서는 한자 자체의 변화가 몇 차례 일어났다. 대충 말하면, 전서篆書에서 예서隸書를 거쳐 해서楷書로의 변화이다. 전서는 정식 인감 등에 쓰는 자체이고, 예서는 격식 차린 비문 등의 자체라고 생각하면 될 것이다. 해서는 예서가 더욱더 간략해 진 것이다. 당대나 일본의 나라시대에는 지금의 해서를 예서라고 했다. 보통 우리가 예서라고 부르는 글씨는 팔분서八分書로 불렀던 것이다. 귀적의 전기傳記 따위에 '초예草隸'가 능숙했다고 쓴 것은 초서草書와 해서에 탁월했다는 말이다. 전 · 예 · 해가 모두 출현하고 나서는 그것들은 잘 분간해서 쓰는 것도 서도의 취미였다.

서풍

그러나 이같은 글자체의 변천과 더불어 시대에 따라 서풍에도 차이가 났다. 우리나라에서 고대에 보통 쓴 글씨는 해서楷書와 그 약체略體인 행서行書에다 거기 초서草書를 곁들여도 좋다. 그러나 똑같은 해서라 해도 쓰는 방법에 따라 시대의 취미가 반영되어 일률적이지 않다.

중국에서는 6세기 말 수隋 무렵에는 스타일에 큰 변화가 있었다. 그때까지는 예서의 흔적을 남기는 고풍스러운 서풍이 유행했는데, 이 시기를 경계로 이는 일소되어 순수한 해서가 일반화하기에 이른다. 서풍이라는 것은 붓놀림이나 자형을 종합한 것이다. 이에 따라 자형만으로는 글씨를 판단할 수 없다. 그러나 수隋 무렵을 경계로 예서적인 요소가 소멸하는 서풍의 변화가 왔다. 이 때문에 시각적으로는 현재의 활자에 가까운 정돈된 자체를 풍미로 파악하는 경향이 있다. 예의隸意를 섞은 어색한 글자가 정연한 모습으로 변화되기 시작한 것이다.

후지와라궁 목간과 헤이조궁 목간 사이에 든 글씨의 차이는 이같은 중국의 변화에 대응한 것으로 보아도 좋을 것이다. 앞에서 본 것처럼 읽기 힘든 글자는 해서楷書가 완성되기 전인 중국의 남북조시대(5~6세기)의 글씨에서 흔히 보인다. 예서 글자가 당시까지는 아직 남았던 것이다.

오래된 요소

후지와라궁 목간의 시대는 이미 7세기가 다 저물 무렵이다. 중국에서는 초당初唐문화의 최성기였다. 중국의 서풍 변화와는 백 년의 차이가 나는 것으로 보지 않으면 안 된다. 이에 따라 일본에서 중국과의 서풍 차이를 위와 같이 설명하는 것에 대해 의문을 가지는 사람도 더러 있을 것이다. 그러나 당시의 일본은 문화적으로 후진국이었다는 사실을 잊어서는 안

된다. 이 당시에는 글씨뿐만 아
니라 다른 문화에도 중국적 요
소가 많았다.

이 가운데 하나가 일반에게
도 흔히 알려진 불상 양식일 것
이다. 6세기 말부터 7세기에 지
은 소위 아스카불飛鳥佛은 중국
남북조시대의 불상과 동일한
양식을 나타내고 있다. 중국에
서는 수隋에서 초당 무렵에 걸
친 시기이다. 다음에 나타난 소
위 백봉조각白鳳彫刻도 약간 새
롭지만, 남북조시대 말에서 초
당 무렵까지의 양식을 이은 것
이라 한다. 당시 최첨단을 걷는

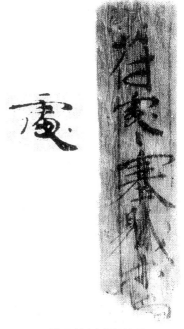

그림 18 (奈良文化財硏究所)

불교문화 조차 이렇듯 중국의 전통을 간직하고 있었다.

글씨로 말하면, 성덕聖德태자의 자필이라고 하는 『법화의소法華義疏』가
남북조의 양식을 나타내는 대표작이다. 후지와라궁 목간에서도 이 『법화
의소』와 똑같은 서풍이 보인다. 〈그림 18〉에 목간(길이 13.8cm)과 『법화의
소』에서 뽑은 글자 '處'를 대비시켜 보았다.

문화 수입에 격차가 생긴 까닭은 오랜 동안에 걸쳐 한반도를 경유하여
문화를 받아들였기 때문일 것이다. 7세기대에 이르러서도 한국계 사람들
의 문화전파 역할이 컸다. 특히 660년 백제의 멸망은 대량의 망명지식인
이 일본에 들어오는 계기가 되었다. 한국에는 원래부터 중국의 문화가 끊
임없이 들어왔다. 전한시대에 직할령이 된 후 그 현상은 한층 높아졌다.

4세기경을 경계로 한국에서도 독자적인 국가가 생겼다. 그래서 고구려 · 백제 · 신라의 3국 대립의 시대가 되는데, 이 시대의 문화 양상은 명확히 할 수 없다. 다만 백제는 중국 남조문화의 영향을 상당히 강하게 받았던 것 같다. 전체적으로 보면, 오래전부터 받아들인 중국 문화 위에 이 시대의 중국문화가 더 축적되어 독자적인 문화를 형성한 것 같다.

서풍의 교체

7, 8세기 조선의 글씨는 금석문과 8세기 중엽 종이에 쓴 공문서의 단편 정도가 남아 있다. 다만 시대가 새롭게 변했는데도 고풍스러운 양식이 많고, 8세기 중엽의 공문서에도 의외로 오래된 특징이 지금까지의 연구에서 밝혀지고 있다.

일본에 오랜 서풍이 성행했던 것은 조선계 사람들에 의하여 일찍이 도입되어 널리 퍼진 결과로 생각된다. 그러나 이는 당 문화의 본격적인 수입과 함께 쇠퇴했던 것이다.

서풍 교체 시기는 8세기 초이다. 헤이조천도 조금 후에 그 흔적을 찾을 수 있다. 이 무렵 지방에서 올라 온 후지와라궁 시대의 하찰에는 약간 읽기 힘든 글씨가 많은데, 이는 시기가 지나면 그 경향이 사라진다. 이같은 경향은 현존하는 당시의 지방 호적 등에서도 드러난다.

다만 후지와라궁 목간 중에도 당풍의 정돈된 글씨를 명확하게 보여주는 것도 보인다. 이는 도읍을 중심으로 새로운 서풍이 힘을 얻고 있었던 것을 반영한 것이다. 다만 당시의 문화를 이해하는 데에는 오래된 서풍을 지닌 목간이 헤이조궁 초기까지 많이 보이는 쪽 무게를 싣는 것이 중요하다. 이 시기는 일본이 당의 문화를 본격적으로 섭취하여 율령국가를 완성할 무렵이고, 나라시대의 화려한 문화가 탄생하는 전야에 해당한다. 이를 위한 지반 다지기의 기초를 부추긴 요소가 바로 한국에서 도래한 문화였다는 사실은 오늘날 눈에 보이는 목간 글씨가 잘 설명하고 있다.

서산書算

이는 단순히 예술이나 문화 영역에 한정한 것은 아니다. 글씨라고 하면 현대인에게는 서도 혹은 미술같은 분야가 떠오르겠지만, 글씨는 원래 글자를 쓰는 방식이다. 활자나 타이프와 같은 이른바 기호화된 글자가 없었던 고대에 글자를 쓴다는 것은 이를 어떤 스타일로 묘사할 것인가라는 문제와 직접 연결되었다. 독해의 경우도 글씨를 읽는다는 표현이 옳았다.

읽기와 쓰기의 기술은 고대에는 첨단기술의 하나였다. 누구나가 다 이를 다룰 수 있었던 것은 아닌 대신에 지배를 위한 기술로서 유효하였다. 이를 습득하는 일은 국가기구로 이어져야 한다는 조건이 전제되었다. 령슈에 나오는 관리의 임용규정에는 '서산書算' 즉 읽기쓰기와 계산 능력도 조건으로 올라 있다. 율령제는 명령의 하달을 비롯하여 모든 사무를 문서로 처리하는 원칙 아래 성립되었던 만큼 당연한 것이었다. 율령국가의 지배 기초는 호적·계장計帳제도 따위를 문자로 다루는 관리가 일반사람들을 이 제도 속으로 끌어들이는데에 있었다. 참고로 종이나 먹·붓과 같은 필기용구 자체가 다른 물건의 가격에 비해 대단히 비싸 간단히 입수할 수 있는 것은 아니었다.

2. 만엽가나萬葉假名의 전통

가나의 형태

읽고 쓰는 기술이 이상과 같은 의미를 지녔다는 점에서 서풍의 변화는 통치의 기술이나 제도의 변혁과 무관하지 않았다. 여기서 자세히 서술할 여유는 없지만, 키요미하라 령淨御原令시대의 제도에는 중국의 남북조시대나 한국의 제도와 유사한 점이 내포되었다는 사실은 지금까지 지적한 바 있다. 그러나 이들은 대개 대보령의 시행 이후 당풍으로 바뀌어 갔다. 제7장에서 언급한 평評에서 군郡으로의 변화는 바로 이같은 예이다.

서풍의 전면적인 변화는 대보령 시행 이후 10~20년 지난 다음 찾아온다. 이렇듯 서풍이 지연된 것은 명문화된 제도와는 다르기 때문에 이상하지 않다. 관리들의 서풍이 바뀌어 간 이유도 넓은 의미에서 보면, 이같은 율령제 완성과정의 하나일 것이다.

그러나 인간의 어렸을 적 기억이 좀체 사라지지 않는 것처럼 지금 다루고 있는 글씨에도 이와 비슷한 면이 있다. 헤이안 초기에 나오는 가나의 형태가 그렇다.

가나는 일본어를 표기하는 데에 편리하도록 한자의 일부를 취하거나, 뭉갠 것이다. 원래의 글자가 무엇인지는 대체로 밝혀졌다. 그러나 예를 들면 'と[토]'와 같은 가나를 들 경우, 원 글자는 한자 '止'인데, 왜 '止'를 뭉개면 'と'가 되는지, 애당초 'と'라는 음은 왜 '止'에서 나오는지와 같은 의문이 떠오를 것이다. 이것은 상당히 옛날부터 문제가 되었던 사항이다.

'止'와 'と'

한자의 흘려쓰기 방식에는 정해진 틀이 있다. 그런데 '止'의 초서는 중국과 일본 모두가 'ㄴ'이다. 'と'는 일본에서 마음대로 흘려쓴 형태인 것이다. 그러나 여기에는 잘못이 없을까.

'と'는 가나의 일종인데, 글자체 그 자체는 히라가나·카타카나가 일반화되기 전부터 사용되고 있었다. 잘 알려져 있는 바와 같이 히라가나나 카타

그림 19 (宮內廳 正倉院)

카나의 사용 이전 형태는 한자 그대로인데 그 음·훈을 본래의 의미와 관계없이 사용하는 만엽가나萬葉假名가 행해지고 있었다. 이 만엽가나로 쓰인 당시의 고문서에 이미 〈그림 19〉와 같은 'と'에 가까운 형태가 나온다 (그림 1행 두 번째 자, 끝 행 첫 번째 자).

이것은 8세기 중엽의 만엽가나만으로 쓰인 유명한 고문서에 보이는 예이다. 지금으로서는 이보다 더 오래된 예는 보이지 않는데, '止'는 일본어의 조사 'と(⇒열거의 '과/와'나 인용의 '라고' 등)'를 나타내기 위하여 이전부터 빈번하게 사용되고 있다.

후지와라궁 목간 중에 하나를 예시
해 보자(그림 20, 길이 20.6cm).

卿等前恐々謹解寵命匚　　(앞)
卿爾受給請欲止申　　　(뒤)

이것은 "경들의 앞에 황송하게 근신
하며 해解한다"로 시작되어 "경에게 받
으라고 청한다고 아뢴다"로 끝나는 상
신上申문서이다. '請欲'은 이 두 글자로
'欲'과 마찬가지이고 '爾'·'止'는 조
사를 나타내는 만엽가나이다. 이 '止'
가 보기 드문 형태를 하고 있다. 이 형
태를 흘려 써 가면 팔의 가나문서의
'と'가 되며, 나아가서는 히라가나의
'と'로도 이어질 것 같다.

'止'의 발음

주의해 보면, 만엽가나로 사용한
'止'는 다른 예에서도 3획·4획이 이
어져 이같은 형태를 이룬 경우가 대단
히 많다. 예서隷書에서는 '止'를 이 자
와 닮을 형태로 쓴다. 백제의 기와 명銘
등에도 이 형태의 '止'가 나온다. 앞에

그림 20 (奈良文化財研究所)

서 나라시대 초기 이전의 목간에는 예서의 흔적이 남은 오래된 서풍이 많다고 했는데, 그런 의미에서는 이같은 자형이 나와도 조금도 이상하지 않다. '止'는 오래전부터 이같은 자형을 만엽가나로 사용했기 때문에 이를 흘려 쓴 것이 히라가나의 'と'가 되었다고 생각된다.

이상의 설명 '止'가 'と'의 음으로 사용되는 것과도 잘 합치된다. 오늘날의 한자음으로 생각하면, '止'가 '토'라는 음을 가지는 것은 전혀 이해할 수 없다. 그러나 중국 삼국시대(3세기)까지의 음에서 '止'는 '지'가 아니라 '토'에 가까운 발음이었다고 생각된다. 이러한 오래된 한자음도 한국을 거쳐 일찍부터 일본에 들어와 있었다. '止'[토]도 그 하나의 예로 인정된다. '止'의 경우 오래된 자형과 발음이 서로 잘 대응한 것이다.

만엽가나의 전통

이처럼 형태와 발음 양면에 오래된 요소가 깃든 가나는 히라가나와 카타카나에 오히려 드물 것이다. 그러나 자형만을 보면, 이 밖에도 더 있다. 금석문이나 고문서 등에 일찍부터 나타난 유명한 것은 'ㄴ'·'ム'·'ツ' 등이다. 'ㄴ'는 部의 방이고, 이를 뭉개서 가나 'ヘ'[헤]가 된다. 또한 'ム'는 牟의 일부이고, 'ツ'는 자원字源에 정설은 없다. 그러나 각각 'ム'[무]·'ツ'[츠]의 원형이 되었던 글자가 만엽가나이다. 또한 후지와라궁 목간을 빌려 알려진 예로는 '奴'(⇨히라가나 중 하나. 발음은 '누')가 있다. 이는 보통의 만엽가나 속에서 '汗奴麻里'(기후현岐阜縣, 우누마鵜沼)와 '知奴'(치누, 검은 도미)처럼 사용되어 대단히 특징적이다. 헤이안 초기의 가나를 보면, 일반적으로 카타카나적인 요소가 많은 가운데 '奴'는 일찍부터 사용되었다. 그 배후에 만엽가나의 '奴'의 전통이 함축되었다고 보아야 할 것이다.

헤이안 전기까지의 일본은 거의 중국문화를 도입하는데 여념이 없었

다. 그 중에서 창조적인 일로 평가되는 것은 가나의 발명 정도이다. 한국
을 경유한 문자문화가 미친 영향의 크기를 생각하지 않을 수 없는데, 이
와 함께 가나의 역사를 해명하는 데에 따른 목간의 역할도 새로 크게 주
목할 부분일 것이다.

3. 읽고 쓰기의 모범

천자문

그런데 앞에서 관리에게 읽고 쓰기의 능력은 필수
였다고 썼다. 그런데 이들은 처음에 어떠한 기본서를
가지고 문자를 습득했을까. 이전에는 이같은 문제를
푸는 단서는 거의 없었다. 그러나 목간의 발굴이 진
전됨에 따라 이에 대한 자료도 늘고 있다. 그래서 이
를 기술하고자 한다.

한자의 모범으로서 널리 사용되었던 것으로 보이는
책은 중국 남조 양梁시대(6세기)의 『천자문千字文』이다.
주흥사周興嗣라는 사람이 양무제梁武帝의 태자에게 주
기 위해서 만든 교과서가 『천자문千字文』이다. 한자 천
자가 겹치지 않게 사용해서 운문으로 만들어 암송하
면, 한자의 의미와 형태를 동시에 습득할 수 있도록
궁리되었다. 이는 '이로하노래いろは歌'의 47자 가나
가 겹치지 않게 이용할 때 의미가 담긴 노래가 되는
것과 아주 흡사하다. 『천자문』은 아주 잘 만들어진
교과서였기 때문에 중국뿐만 아니라 한자문화권에서
천 년 이상이나 계속 사용되었다.

『천자문』이 나라시대에 보급된 것 같다는 흔적은
정창원의 고문서에 보이는 습자를 빌려 일찍부터 주

그림 21
(橿原考古學研究所)

목되어 왔다. 그러나 목간에도 이를 습자하거나, 낙서한 흔적이 많이 나
온다. 다음의 것은 후지와라궁 목간에 나오는 예이다(그림 21, 길이 14.4cm).

廬廬廬廬廬逍逍

상하는 결락되었지만, 지금의 받아쓰기와 마찬가지로 『천자문』의 '散
廬逍遙'(근심을 흩뜨리고 소요하다)라는 구를 몇 자씩 연습하고 있다.
이 외에 헤이조궁이나 헤이조경에서도 『천자문』이라는 서명의 낙서나
본문의 습자가 많이 나왔다. 헤이조궁의 바로 남쪽에서 발견되어 지금까지

不暑住, □□久□□

라고 읽은 단편도 실은 『천자문』의 '寒來暑往, 秋收冬藏'(추위가 오면 더위가
간다, 가을은 수확하고 겨울은 저장한다)을 쓴 것으로 보인다.

나니와즈難波津의 와카和歌

한편 만엽가나의 기본서로는 나니와즈難波津의 와카가 보급되어 있었
다. 이 노래는 응신조應神朝(4세기)에 일본에 온 백제의 학자 왕인王仁이 즉
위하기 전의 인덕仁德천황에게 바친 것이라고 한다. 그 문구는 이렇다.

나니와즈에 꽃이 피었습니다. 바로 지금 봄이 왔다고 꽃이 피었습니다
難波津に 咲くやこの花 冬こもり いまは春べと 咲くやこの花
음⇨나니하츠니 사쿠야코오하나 후유코모리 이마하하루베토 사쿠야코
노하나

그림 22 (奈良文化財研究所)

10세기 초두에는 이 노래가 처음으로 습자를 할 때 모범이 되었다. 이는 『고금집古今集』의 서문에 나오고, 헤이안시대 후기의 『베개 책枕草子』이나, 『겐지 이야기源氏物語』(若紫)에도 누구나가 아는 습자용 노래로 다루었다.

그러나 이 노래는 본래 만엽가나의 글씨본이었을 것이다. 헤이조경 안에서 발굴한 목간에는 이 노래를 만엽가나로 습자한 다음과 같은 단편이 보인다(그림 22, 길이 11.6㎝).

仁彼彼川仁佐 　　　　　　　　　　　　　　　　　〔앞〕

仁彼川仁佐久己 　　　　　　　　　　　　　　　　〔뒤〕

亻은 옛날에는 氵과 통했기 때문에 '彼'는 '波'와 동일한 것으로 간주해도 좋다. '川'은 ツ로 독음한다. 이 단편은 상하가 절단되어 한 면에는 'ニハツニサ'[니하츠니사], 또 한 면에는 'ニハツニサクコ'[니하츠니사쿠코]라고 연습한 흔적이 있다. 이는 헤이안 전기에 해당하는 9세기 전반의 목간인데, 헤이조궁에서는 이 와카를 낙서한 나라시대의 토기도 2 · 3점 출토되었다.

만엽가나의 글씨본

지금까지 이 와카의 가장 오래된 예로는 법륭사法隆寺 오층탑의 낙서를 꼽을 수 있다. 소화 23년(1948)에 이 오층탑을 해체수리하는 중에 천정에서 발견되었다. 탑이 건립된 8세기 초의 낙서이다. 이 낙서는 건축기술자가 당시의 유행가를 쓴 것이라는 설도 나왔다. 그러나 현재는 앞의 목간을 포함한 몇 점의 습자와 낙서가 발견되었다. 이들의 연대도 8세기 초 법륭사 오층탑을 건립 무렵부터 10세기에까지 이른다. 유행가라면 또 다른 노래가 더 나와도 좋았을 터인데, 와카의 낙서와 습자 가운데 특별히 나니와즈難波津의 와카가 눈에 들어온다. 이는 만엽가나의 글씨본을 바탕으로 이 노래가 애송되었기 때문일 것이다.

나니와즈의 와카는 오래된 노래가 우연히 가나의 습자로 전용되었을 뿐이어서, 나중에 나오는 '이로하노래いろは歌'만큼 완비된 것은 아니다. 그

러나 암송하면서 글자를 익혔다는 점에서 아주 흡사한 성격을 가지고 있었다. 문자를 다루는 기술을 일본에 적용하자면, 만엽가나는 불가결하다. 국가지배의 기본을 이루는 인명과 지명의 파악도 만엽가나의 도움이 없이는 목적을 이룰 수가 없다. 만엽가나의 습득은 어떤 의미에서 실제적으로 요구되었고, 그 입문의 역할을 다한 것이 나니와즈難波津의 와카였다.

흥미로운 것은 『천자문』이나, 나니와즈의 와카 등이 모두 백제의 박사인 왕인王仁과 관련한 전설을 지녔다는 점이다. 『고사기』에 따르면, 『천자문』과 『논어』는 응신조應神朝에 왕인이 헌상했다고 전한다. 『천자문』등은 명확히 시대착오이기 때문에 이는 학문의 전래를 말하는 전설에 지나지 않는다. 그러나 읽고 쓰기의 기본이 되는 한자와 만엽가나의 글씨본이 모두 백제의 왕인과 결부되었다는 것은 오랜 문자문화의 성격을 상징하는 것이다. 그래서 암시하는 바가 풍부하다고 말할 수 있을 것 같다.

제10장
중국의 수험참고서

1. 다자이부大宰府의 하급관리

위징 시무책魏徵時務策

지금까지도 언급한 것처럼 목간은 도읍이 자리했던 나라와 쿄토京都뿐만 아니라, 지방의 국부나 군청 터에서도 나온다. 이들 목간은 대체로 고대의 지방정치나 문화를 이해하는 귀중한 사료이다. 특히 큐슈九州의 다자이부大宰府터와 토호쿠東北의 타가 성多賀城터, 시즈오카靜岡의 이바伊場유적 등의 목간은 내용적으로도 주목할 만한 것이 많다. 다자이부나 타가성은 큐슈 전체나, 토호쿠지방을 총괄하는 특별한 출장관청이었기 때문에 당연할 것이다.

여기서 다루고자 하는 것은 다자이부터에서 나온 중국의 수험참고서에 관한 것이다.

다자이부터의 목간 중에는 『위징시무책魏徵時務策』이라는 중국의 서적 이름을 쓴 목간이 있다.

(1) 特進鄭國公魏徵時務策壹卷 問⊏ (그림 23, 길이 18.5㎝)

이것과는 다른 사람의 필치인데

(2) ⊐鄭國公務務□勝勝□

　　　　　□　　巍□ (그림 24, 길이 16.3㎝)

그림 23 (九州歷史資料館)　　　　　그림 24 (九州歷史資料館)

여기서는 서적의 설명은 뒤로 돌리고, 우선 이들 목간을 쓴 사람을 서술한다.

이들 목간은 현재 도부루都府樓터로 부르는 다자이부 정청政廳터 뒤편에서 출토되었다. 천 점 가까운 목간이 나왔는데, 모두 나라시대 중반에서 후반에 걸친 것이다. 이 주변에는 다자이부의 관리들이 일상사무를 보던 관청이 있었다. 목간 중에도 공문서의 상투문구를 연습하거나, 낙서한 것 등 관리와 관련한 것이 적지 않다.

여기서 나온 목간에서 특히 주목되는 부분은 깎아낸 껍질이 많다는 점이다. 대개는 문자를 연습한 흔적을 깎아낸 것이다. 이는 목간이 많이 사용되었다는 증거이기 때문에 관청 터에 썩 어울린다.

처음에 제시한 두 개의 목간도 역시 깎아낸 껍질이다. 양쪽 모두 몇 개씩 깎아낸 껍질로 이루어진 목간이 출토되었다는 내용은 제1장에서 서술한 『문선文選』과 접속되었다. (1)은 그 결과 『위징시무책』이라고 읽을 수 있었다. 이 두 개의 목간을 쓴 사람들도 지금 살펴본 내용으로 보아 다자이부에 근무한 관리였던 것 같다.

먼 조정遠の朝廷

율령제하의 다자이부를 '먼 조정遠の朝廷'이라고 호칭한 것처럼 천황의 궁이 없었을 뿐이고, 또 하나의 작은 조정이 형성되었다. 다자이부는 령슈에 따라 정원으로 잡은 직원만도 50명에 이르는 관리를 거느리고 있었다. 이 규모는 중앙의 성 등에 비교하면 작아 보이지만, 다자이부의 장관인 다자이수太宰帥는 종삼위의 귀족이 임명되었다. 이는 당시 관위에 상당한 것이다. 이렇듯 당시는 관위에 역직마다 임명되어야 할 인물의 관위가 정해져 있었던 것이다. 인사에 관한 것이기 때문에 반드시 규정대로 실행된

것은 아니다. 그러나 어떤 지위의 관계官界 등급은 이를 보아도 알 수 있다. 다자이수의 종삼위라는 등급은 중앙성청 중에서 가장 격이 높은 중무성中務省의 장관보다 높다. 중무성의 장관인 중무경中務卿 관위에 상당한 것은 한 단계 아래인 정사위상이었다. 다자이부의 차관 이하도 8성과 동등한 관위상당이었다.

다자이부는 큐슈 전역과 주변 섬을 총괄하는 특별한 관청이었다. 정청政廳구역은 도읍을 모방하여 본격적인 청사가 조영되었고, 관내의 여러 지방에서 징수되는 세수 물품은 도읍으로 보내는 일부를 제외하고는 전부 다자이부가 축적하고, 여기서 소비되었다. 또한 큐슈 여러 지방의 호족이나, 관리의 자제를 위하여 도읍의 대학에 상당하는 학교원學校院을 설치한 것도 다자이부였다. 그리고 근방에는 나라시대 후반 승니僧尼에게 득도허가권得度許可權을 부여한 관세음사觀世音寺도 설치되었다. 천평 12년 (740) 다자이부의 소이少貳(⇒차관)가 되었던 후지와라노 히로츠구藤原廣嗣가 다자이부를 기점으로 반란을 일으키는 사건이 일어났다. 다자이부에는 그러한 사건을 유발할 만한 권력과 재력이 구비되었던 것이다.

서생書生

다자이부는 이같은 큰 관청이었던 만큼 작업량도 많았다. 그래서 정원 외의 관리를 더 두었다. 이는 중앙관령이 번상番上근무의 관리를 많이 거느린 것과 아주 흡사하다. 앞에서 여로 든 목간과 유사한 일군의 목간 중에

　　ㄱ□書生鴨牧麻

이라든가,

□符書生十一月守守當□

따위로 쓴 단편이 섞여 있다. 여기 나오는 '書生'은 그러한 하급관리의
일종이고, 관청에서는 서기역을 맡았다. 다자이부에는 정식으로 사생史生
이라는 서기를 두었다. 그런데 이들만으로는 공문서 작성 등 업무를 다룰
인력이 부족했기 때문에 실제로는 이같은 서생이 채용되었던 것이다.
(1)·(2)와 같은 목간의 필자도 이 그룹의 사람들이었던 것으로 보인다.

서생에 채용된 인력은 큐슈 여러 지방에서 군사郡司를 배출하는 가문의
자제였다. 헤이안시대 초기의 일이지만, 다자이부에서 중앙 부府에 근무
하는 서생 중에 능력을 가진 자를 출신지역의 군사郡司로 임시임명했다.
또 다자이부는 실제로 중앙 부에 그대로 근무하게 두고 싶다는 의견을 내
놓았다. 그러나 군사郡司의 임명은 지방별로 이루어졌다. 이 때문에 서생
등은 다자이부의 일이 손에 안 잡혀서 모두 고향으로 돌아가기를 희망했
고, 그 중에는 무단으로 사라지는 자도 생겨 부府가 추진하는 직무에 지장
을 주었다는 것이다. 천장天長 2년(825)에 정부는 다자이부의 신청을 허가
하고 있다. 군사郡司는 세습성이 중시되었던 직책이었기 때문에 서생도
군사郡司나, 이에 필적하는 지방유력자의 자제였을 것이다.

당唐나라의 명신名臣

이러한 사람들이 목간에 썼던 『위징시무책魏徵時務策』이란 어떠한 책일
까. 위징魏徵(580~643)은 당 초기에 태종太宗황제를 도와 활약했던 중신重臣
이다. 그의 이름에 익숙하지 않은 사람이라도 '人生感意氣'(인간은 사람의 의
기에 감응하여 행동한다)와 같은 말을 아는 분은 많을 것이다. 이는 위징이 지
은 「술회述懷」라는 제목의 시에 나온다. 이 시는 『당시선唐詩選』의 권두에

수록되어 더욱 유명하다.

시무책이란 어떠한 것일까. '시무'란 그때 그때의 정무를 말한다. 시무책은 간단히 말하면, 정무에 필요한 논문시험의 답안이다. 앞에서 약간 기술한 적이 있는데(26면), 이 논문은 진사과라는 시험코스를 보는 사람들에게 과해졌다. 이것에 합격하면 그 사람은 진사進士라 불렸고, 임관할 권리가 부여되었다. 중국의 관리임용시험에는 이 외에 몇 개의 과科(⇨코스)가 있었기 때문에 나중에 과거로 발전하게 되었다. 시무책은 과거의 한 과목이라고 해도 무방하다.

『위징시무책』은 위징이 쓴 정무론을 모은 책으로 생각할 수 있다. 당태종의 치세였던 '정관貞觀의 치治'는 당의 흥륭기로 알려져 있다. 위징은 태종의 밑에서 이 정관의 치를 거들었던 대표적인 인물이다. 그는 이따금 태종과 정치를 논했고, 이를 진언도 했다. 이렇듯 태종과 위징 및 그 외의 신하와 정치를 논한 정경은 『정관정요貞觀政要』에 기록되었다. 위징은 또 정무에 참고가 되는 문장을 고금의 서적에서 뽑아 『군서치요群書治要』라는 책도 편찬했다. 정말로 '간신諫臣'과 '명신'의 이름에 걸맞은 인물이었다.

그는 만년에 일본에서 말하면, 정이위에 해당하는 '특진特進'의 관위를 부여받았다. 이에 따라 정국鄭國의 영주라는 의미의 '정국공鄭國公'에 봉해졌고, 동시에 황태자의 보도補導역인 태자태사太子太師로도 임명되었다. 이 직함의 일부는 앞의 목간에도 나온다.

그의 이러한 평판은 나라시대 일본에도 전해졌다. 후지와라노 나카마로藤原仲麻呂가 증조부인 카마타리鎌足를 현창하여 만들었다는 『대직관전大織冠傳』에는 천지天智천황이 말한 내용이 나온다. 천황은 카마타리를 당의 위징과 고구려의 개금蓋金, 백제의 선중善仲과 신라의 유순庾淳 등 지략이 뛰어난 어떤 준걸俊傑보다 출중한 인물로 칭찬하고 있다. 일본의 나라조 사람들에게도 위징은 모범으로 삼아야 할 인물이었던 것이다. 다자

이부의 관리가 위징의 저작을 보았던 까닭도 이렇게 생각하면 납득하기
가 쉽다.

　그러나 아무래도 이같은 것만은 아닐 듯하다.

2. 수험용의 모범예문집

태생을 알 수 없는 책

이 『위징시무책魏徵時務策』이라는 책은 본래의 태생을 알 수 없다. 원래 위징은 수隋 말 혼란한 시대에 입신한 사람이고, 과거를 거쳐 관계에 들어간 인물은 아니다. 그가 실제로 시험을 칠 때 답안을 보고, 시무책을 만들었을 리는 만무한 것이다. 이 시무책은 위징이 탁상에서 만든 것이거나, 어쩌면 다른 사람이 위징을 빙자해서 내놓은 저술일지도 모른다는 생각이 든다.

그리고 『구당서舊唐書』에 실린 당대의 서적 목록에도 『위징시무책』 이름이 보이지 않는다. 위징의 시나 문장을 모은 전집은 목록에는 나온다. 그래서 여기 들어간 것으로 보이기는 하지만, 목간에는 '1권'이라는 권수까지 나와 확실히 단행본으로 나돌았던 것을 알 수 있다. 정사正史의 목록에는 결락이 없는 것은 아니지만, 이는 미심쩍은 부분인 것이다. 『위징시무책』이 『신당서新唐書』 목록에 처음으로 모습을 드러낸 것은 송宋대에 들어와서이다.

물음과 답

이럴 경우 가장 빠른 해결 방법은 서적의 내용 그 자체를 검토하는 일이다. 그러나 유감스럽게도 『위징시무책』은 『문선』과 달리 현재 전해지지 않는다. 다만 단서가 전혀 없는 것은 아니다. 이는 다른 책에 인용하고 남은 시무책의 문장이다.

목간을 발견하기 전부터 알려진 대보령大寶令의 주석서에 인용한 문장이 그것이다. 이는 다음과 같은 형식으로 시작된다.

> 問 鄕邑何因無孝子順孫義夫節婦.
>
> 答 九族之說 著在虞書 六順之言 顯於魯册 故義夫彰於郄缺 節婦美於恭姜
> 孝子則曾參之徒 順孫則伯禽之輩 自玆已降 往々間出 石奮父子 慈孝著名
> 姜肱兄弟 恩義顯譽. ……

> 물음. 향읍鄕邑에는 무엇 때문에 효자 · 순손順孫 · 의부義夫 · 절부節婦가 없
> 는가.
> 답. 구족九族의 설說은 저술되어 우서虞書에 있고, 육순六順의 언言은 노책魯
> 册에 드러난다. 고로 의부義夫는 극결郄缺에 밝고, 절부節婦는 공강恭姜에 아
> 름답다. 효자는 즉 증삼曾參의 무리이며, 순손順孫은 즉 백금伯禽의 무리이
> 다. 이로부터 이후에는 왕왕 간출間出한다. 석분부자石奮父子는 자효慈孝로
> 이름을 떨쳤고, 강굉姜肱형제는 은의恩義의 명예를 드러냈다.……

어떻게 하면, 세상에 효자孝子 · 순손順孫 · 의부義夫 · 절부節婦라고 할 만한 인물이 나올까를 묻는 것이 논문시험의 문제이다. 이 '물음'에 '답'을 내놓기 위한 논의가 전개된다. 원문은 대구를 많이 사용하고, 4자 · 6자로 끊어지는 이른바 사륙변려의 미문이다. 내용에는 우선 효자孝子 등의 조건을 가리는 인물의 실례를 고전 중에서 예시한다. 그리고 군주가 덕 · 예 · 의 · 인이라는 유교이념을 바탕으로 정치를 행하면, 그러한 사람들이 속속 나타날 터라는 대단히 추상적인 대책을 제시하는 것으로 끝난다.

문제도 문제이지만, 이 답은 실용적인 정책이 되지는 않을 것 같다. 과

거시험에 나오는 시무책은 시사문제적인 성격을 내포했지만, 대체로 추상적인 원칙론을 묻는 경우가 많다. 그렇기는 해도 위에서 기술한 시무책의 내용은 너무나 비현실적이라고 해도 좋을 것이다.

모범답안집

이 의문을 확실히 풀어 주는 저술은 7세기 후반에 완성한 『광홍명집廣弘明集』이라는 책에 인용한 『위징시무책』의 문장이다. 이 책은 도선道宣(596~667)이라는 당나라의 승려가 편찬한 일종의 불교사 자료집이다. 도선은 『위징시무책』 속에 들어간 유교와 불교의 우열론을 인용했는데, 그 서론에서 우선 다음과 같은 말이 나온다.

> 당唐의 특진特進인 정공鄭公 위징의 책策은 100조條가 있는데, 그 1조에 이
> 르기를

『위징시무책』이라고 하지는 않았다. 그러나 책의 형식은 앞의 것과 아주 흡사하여, 『위징시무책』을 가리키는 것은 확실하다. 이 시무책은 원래 '백조百條'가 있었다. 즉 100개의 테마를 다루었다는 것이다. 과거에 부과한 시무책은 오제五題로 한정되었다. 이로 미루어 『위징시무책』을 시험에 실제 응용한 답안이 아니라는 것은 확실하다. 100이라는 딱 떨어지는 숫자로 정리했다는 사실은 이 책이 탁상의 산물이라는 가장 극명한 증거일 것이다.

이는 예문집으로 만든 책이 틀림없다. 과거에 뜻을 둔 사람을 위하여 시무책의 예문을 제공한 수험용 모범 답안집이다. 이같은 책은 당조唐朝가 안정되고, 시험에 의한 관리등용이 제자리를 잡았을 때 몇 가지를 만든 것 같다. 이름만 전하는 장문성張文成의 『조룡책雕龍策』 등도 이런 종류

의 예문집이었을 것이다.

실물이 남아 유명한 저술은 『토원책부兎園策府』라는 책이다. 이 책은 당 태종의 아들인 이운李惲의 명령을 받아 두사선杜嗣先이 편찬했다. 본래는 큰 분량의 책이었으나, 제1권만이 돈황敦煌에서 발견되었다. 이를 보면, 역시 우선 질문에 이어 미문으로 쓴 답이 나온다. 각각의 문답 앞에는 그 책策의 테마를 제목으로 붙였다. 이 『토원책부』에는 주가 붙은 사본도 있 다. 원래부터 있었던 것인지, 후세의 사람이 붙인 것인지는 모른다. 그러 나 본문에 나오는 어구의 전거를 알면, 편리하게 읽을 수 있다. 그래서 일 부러 만든 것으로 보인다.

습자와 낙서

『위징시무책』도 원래는 이같은 형태로 만들었을 것이다. 예문집의 성 격은 『광홍명집廣弘明集』의 책策도 변함이 없다. 또한 『위징시무책』의 문장 은 헤이안시대의 문헌에도 부분적으로 인용되었는데, 이들 테마도 다양 한 분야에 걸쳐 있다. 그 중에는 "시무책의 주에 이르기를"이라는 형식으 로 인용한 문장도 있다. 『위징시무책』에도 『토원책부』와 마찬가지로 주 를 붙인 책이 있었던 것이다.

『위징시무책』을 인용한 대보령의 주석서는 천평 10년(738)경에 나왔다. 이후 10여 년이 지난 다음 다자이부에 전해져 하급관리들도 이를 읽었던 것이다. 처음에 들었던 (1)의 목간은 '壹卷'까지가 서적의 표제이다. 그리 고 '間' 이하는 본문에 들어갔는데, 문제부분의 서두로 보인다. 책을 통 째로 목간에 옮겼다고는 생각할 수 없다. 만약 그렇다면, 깎여서 나올 리 가 없는 것이다. 이는 책을 보면서, 첫 부분을 습자한 목간일 것이다. (2) 는 명백한 낙서이다. 그러나 '鄭國公' · '務' · '巍' 따위는 『위징시무책』

의 글자나 그것을 보고 생각난 듯한 글자를 늘어놓은 것일 수도 있다.

이 두 개의 습자와 낙서는 각각 다른 사람이 썼다는 사실은 재미있다. 관리들 바로 곁에 『위징시무책』이 놓였고, 그 곁에 앉은 관리가 각각 자기의 목간에 습자나 낙서를 했던 모습을 상상할 수 있기 때문이다. 관청에는 항상 붓이나 먹과 목간이 놓여 이같은 습자를 하기는 아주 좋은 환경이었을 것이다.

군사郡司의 자격

이 관리들은 무슨 목적으로 『위징시무책』을 읽고 있었을까. 옛날의 독서나 학문은 입신을 위해서나, 실리에 직결되는 것이 보통이다. 단순한 교양으로서의 독서란 성당한 유한계급이 아니면 바랄 수가 없었다. 직무를 하는 짬에 관리들이 공부를 한 것은 그 지위와 관계가 있기 때문일 것이다. 그러나 시험을 치르는 입장이었다고는 생각되지 않는다. 이러한 등용시험이 일반관리들에게 상당히 요원한 존재였다는 사실은 제1장에서도 언급한 적이 있다.

지방호족 출신이었던 그들은 다자이부의 정식직원이나 고향으로 돌아가 군사郡司가 되는 길을 희망했을 것이다. 앞에서도 언급한 것처럼 서생 중에는 군사郡司서 근무하기를 희망하는 자가 많았다. 그들 하급관리에게도 한문의 지식은 필수였다. 3, 4등관의 주정主政과 주장主帳이 군사郡司가 되려면, '서계書計'를 잘 하는 능력을 필요로 했다. 그리고 장관長官과 차관次官의 경우라면, '시무'에 능하다는 조건이 뒤따랐다. 『위징시무책』은 본래의 목적보다는 오히려 문장의 모범으로 배웠던 것으로 보인다. 군사郡司의 자격에 '시무'가 능하다는 조건이 되었거니와, 의외로 『위징시무책』의 인기를 높이는 동기가 되었을지도 모른다.

3. 중국문화 수용의 한 측면

다자이부大宰府의 장서藏書

이러한 의미에서 『위징시무책』은 제1장에서 다룬 『문선』과 동일한 역할을 했던 것으로 보인다. 그러나 이 목간에는 좀 더 다른 독특한 의의가 있다. 이는 8세기 후반에 이같은 저술이 다자이부에 소장되었다는 사실을 명확히 보여 준다는 점이다.

다자이부는 앞에서 언급한 것처럼 같은 큐슈의 정치와 문화의 중심을 이루었기 때문에 이같은 저술이 소장되었다는 것은 조금도 이상하지 않다. 그러나 나라시대 후반의 다자이부는 학문적으로 결코 수준이 높은 곳은 아니었다. 『속일본기續日本紀』에 따르면, 신호경운神護景雲 3년(769)에 다자이부에서 다음과 같은 신청이 제출되었다.

즉 다자이부는 사람도 많고 물자도 풍부한 곳이어서, '천하의 한 도회都會'를 이룬다. 관리의 자제들 중에도 학문을 하는 사람이 조금씩 늘고 있다. 그러나 다자이부에는 오경五經만은 구비되었으나 삼사三史는 없다. 이래서는 학문을 제대로 할 수 없기 때문에 중국의 역대 정사를 한 부씩 받고 싶다고 하는 것이다.

'오경五經'은 『주역周易』 『모시毛詩』 이하의 유교 근본경전이고, '삼사三史'는 『사기史記』 『한서漢書』 『후한서後漢書』를 가리킨다. 이들 3종의 정사는 대학의 교과서로 지정되지는 않았지만, 어느 쪽도 중국의 학문을 공부하는 데에 따른 기본적인 서적이다. 중앙에서는 점차 문학과 사학 학습이 성행했는데, 나라시대 후반에는 이들 책은 대학 교과서로도 지정되었다.

이같이 중요한 서적이 이 무렵까지 다자이부에 없었다는 것은 오히려 이해하기가 어려울 정도이다.

조정에서는 다자이부의 요청을 받아들여 삼사三史에 더하여 『삼국지三國志』와 『진서晉書』의 텍스트도 다자이부에 주기로 했다. 『삼국지』와 『진서』도 삼사三史에 뒤지지 않는 사서라는 점은 말할 필요도 없다. 특히 『진서』는 당태종이 직접 편찬했다는 것이어서, 당에서는 물론 일본의 나라시대에도 중시되었던 책이었다.

통속서通俗書

다자이부의 장서가 이 정도에 지나지 않았지만, 『위징시무책』만큼은 일찍 다자이부로 들어왔다. 이 책은 앞에서 기술한 바와 같이 원래 과거시험의 참고서였다. 오경五經은 물론 삼사三史 등 정사正史와 비교되는 서적은 아니다. 위징의 저작인지의 여부는 차치하고, 중국 정사正史 목록에 서명이 나오지 않는 이유도 그 때문일 것이다.

『위징시무책』은 아니지만, 유사한 성격의 『토원책부兎園策府』에는 이같은 이야기가 있다. 오대五代(10세기 전반) 후당後唐의 재상宰相이었던 풍도馮道가 궁정 안을 걸으면서 몇 번이나 뒤를 돌아보았다. 이를 뒤따르던 두 사람의 고관 중에 한 명이 다른 고관에게 왜 뒤를 돌아보는 지를 물었다. 이같은 질문에 다른 고관이 "토원책兎園册을 떨어뜨린거야"라고 대답했다는 것이다.

이 이야기를 실은 『오대사五代史』에는 『토원책兎園册』(兎園策府)는 시골학교의 교사나, 백성과 목동이 암송하는 것으로 적었다. 풍도馮道는 갑자기 출세한 사람이었기 때문에 교양을 갖추지 못했다는 사실이 여기서 폭로되었다는 것이다. 『토원책부』 같은 책은 정상적 지식인이 공공연히 읽을

만 한 책이 아니었던 것을 알 수 있다. 『위징시무책』에 대한 평가도 이와
비슷했음에 틀림없다. 중국의 정식 고전 목록에 들어가지 못한 통속서通
俗書가 나라시대의 다자이부에는 있었던 것이다.

명신名臣의 저서

　다만 밝혀 두지 않으면 안 되는데, 고대인들이 『위징시무책』을 실용통
속서로 명확히 인식했던 것인지는 다소 의심스럽다. 후진국의 비애이기
는 했지만, 중국의 서적이라면 무엇이든 존중했던 경향이 없지는 않았다.
　유명한 예로는 『만엽집』 시대 귀족이 애독하여 노래의 소재로도 삼았
던 『유선굴遊仙窟』이라는 소설이 있다. 7세기 말 『조룡책雕龍策』의 작자인
장문성張文成이 만든 염정艶情소설이다. 이것도 정사正史 목록에 실리지 않
은 통속서에 지나지 않는다.
　『위징시무책』도 헤이안 후기의 관백關白인 후지와라노 모로미치藤原師通
의 일기에 차람借覽한 흔적이 나온다. 일기에는 단순히 '시무책'이라고 썼
는데, 『위징시무책』을 '시무책'으로만 쓴 문헌이 있으므로 이는 『위징시
무책』을 말하는 것으로 보인다. 모로미치가 차람한 책의 하나는 증조부인
후지와라노 미치나가藤原道長가 베낀 책이었다고 한다. 『위징시무책』은 글
자그대로 명신 위징이 만든 시무책이었고, 이를 존중한 것으로 보는 것이
좋겠다.

나라조奈良朝문화의 일면

　이야기를 원래로 돌리면, 앞에서 서술한 다자이부의 서적이나 학문의
실상은 비단 다자이부의 문제가 아니었다. 나라조奈良朝문화의 일면을 정

확히 나타낸 것으로 보아도 좋을 것이다. 문화의 양상은 문물이 표면적으로 정비된 중앙보다도 지방에서 왜곡한 형태로 나타난다. 유교를 비롯한 중국의 전통적인 학문에는 율령제의 이념적 가치가 높게 부여되었던 것이다. 그러나 실제로 인기를 더 끌었던 부분은 실용적인 학습이었고, 이에 어울리는 서적이 선호되었다. 제1장에서 다룬 『문선』 따위의 그 하나였는데, 『위징시무책』은 본문에 해당하는 '壹卷'은 간소했기 때문에 좋은 학습재료가 되었다.

일본인은 대체로 서양문화를 수용할 때도 배후의 철학이나, 이념보다는 실제적인 기술이나 물질문화에 먼저 관심을 두었다. 그래서 서양을 따라잡기 시작했다. 이러한 형태로 이루어진 한문의 습득은 고도한 것이 아니었지만, 한자나 한문 지식을 널리 퍼뜨려 결국 헤이안시대 이후 독자적인 문화를 낳는 원동력이 되었던 것이다.

『위징시무책』의 목간이 다자이부에서 나온 것은 우연이라고는 해도 이같은 부분에 커다란 의미를 두지 않을 수 없다.

제11장
길거리에 세워진 고지찰
告知札

1. 도망간 말의 수색원搜索願

입찰立札

소화 40년(1969) 헤이조궁 동쪽에 자리잡은 지금의 국도國道 24호 바이페스 건설 예정지에서 발굴이 이루어졌다. 헤이조경의 정할町割로 말하면, 동삼방東三坊대로의 북단과 이를 북으로 연장한 지점이다. 이 대로를 따라 만든 도랑에서 옛날에 버린 목간이 몇 점 출토되었다. 제9장에서 다룬 나니와즈難波津의 와카和歌의 단편도 그 중 하나인데, 이 밖에도 조금 색다른 목간이 발견되었다.

헤이안시대 전기의 입찰立札이다. 나중에 소개하겠지만, 문면에 '고지告知'라는 말이 나온다. 이는 통상 고지찰告知札이라 부르는 말이다. 모두 4점이 나왔는데, 1점은 두부頭部뿐인 단편이다. 그리고 다른 3점은 모두 1m 전후에 이른다. 큰 널판지를 사용했고, 아래 양쪽을 깎아 끝이 뾰족하다(그림 25, 길이 1m, 오른쪽이 전체). 지면에 꽂아 세웠던 것 같다. 또한 세운 채로 문면을 읽을 수 있도록 앞면에만 글자를 써놓았다.

이러한 입찰까지 목간에 포함시켜도 될지 어떨지는 실은 문제가 없지는 않다. 목간이 무엇인가를 명확히 해답한 정의는 아직 없지만, 나무에 글자를 썼다고 해서 무엇이든 목간으로 간주할 수는 없을 것이다. 만약 그렇다면, 지금 사용되는 표찰表札이나, 수투파卒塔婆는 물론 최근까지 존재한 나무 간판까지도 목간에 들어간다. 형태는 다르지만, 사람에게 무엇을 알리는 찰札은 근세 이후의 실물에도 많이 남아 있다. 새 것이라면 신사神社나 황릉皇陵에 적지 않게 많다. 고찰高札이나 제찰制札이라 부르는 이런 종류의 찰은 보통 거기에 쓴 문면의 성격에 따라 고문서학古文書學의 대상이 되고 있다. 목간이 무엇인가를 생각하는 경우에도 그 내용을 무시할 수는 없을 것이다.

최근 목간을 대상으로 한 학문을 '목간학'이라는 말이 사용되고 있다. 그런데 목간에 기록한 내용을 규명해 가면, '목간학'은 의외로 종래의 고문서학과 고고학 같은 역사학의 여러 분야로 분해되어 버릴 것 같은 생각이 든다. 그러나 실상은 무엇을 나무에 썼는가와 같은 기본적인 요건이 충분히 밝혀졌다고 말 할 수는 없다. 또한 나무에 쓰기는 했지만, 왜 나무를 사용했는지 따위의 해석은 제대로 이루어지지 않은 예도 있다. 현재 이러한 입찰 등을 포함해서 목간의 의미를 넓게 생각하여 나무를 사용한 방식을 보는 것이 선결일 것 같다.

말의 수색원搜索願

고지찰의 내용인데, 우선 상태가 좋은 것을 하나 뽑아 문장을 읽어 보자(그림 25 위, 그림 26은 그 상반부, 폭 7.3㎝).

(1) 왕래하는 모든 사람들에게 고지한다. 달아난 검은 노루 털黑鹿毛의 수말牡馬 한 필. 특징있음. 한쪽 눈은 하얀색이고 이마가 조금 희다.
위의 말이 금월 6일 신申시에 야마시나사山階寺의 남쪽 화원 연못 주변에서 달아났다. 만약 발견한 자가 있다면, 야마시나사 중실中室 남단에서 세 번째 방房에 고하러 오라. 9월 8일

이는 달아나 버린 말의 수색원이다. 말의 소유주는 야마시나사山階寺, 즉 흥복사興福寺의 승려였던 것 같다. 고지찰이 전하는 바에 따르면, 도망

그림 25 (奈良文化財研究所)

그림 26 (奈良文化財研究所)

간 말에는 한쪽 눈이 하얗고 뺨도 조금 하얗다는 '특징驗'이 있다. 9월 6
일 저녁에 흥복사 남쪽 화원 연못 주변에서 없어졌다. 만약 발견해서 붙
잡으면, 흥복사의 중실中室인 승방으로 고해 주길 바란다. 자신의 거처는
남단에서 세어 세 번째라는 것이다. 9월 8일이라 기록하고, 해는 적지 않
았다. 그러나 다른 고지찰과 함께 나온 목간에 천장 5년(828)과 천장 7년
(830)의 것이 있으므로, 대체로 비슷한 무렵으로 보아도 좋다. 참고로 여기
에 나오는 흥복사의 남쪽 화원에 자리한 연못은 유명한 사루사와猿澤 연
못이다.

동삼방대로東三坊大路

고지는 '왕래하는 모든 사람'이 오가는 길에 설치해 놓았다. 헤이조경
동삼방대로東三坊大路와 이를 북으로 연장한 길은 헤이안시대에 들어서도
나라와 쿄토를 잇는 간선도로였다. 이 고지찰의 발견을 기회로 새로 주목
을 끌게 되었다.

현재 JR나라奈良역을 빠져 나온 쿄토선京都線 열차는 정확히 이 길과 겹
친 구릉 사이를 달려 북으로 빠진다. 북으로 향해 달리면, 오른쪽이 아리
와라노 나리히라在原業平(825~880)[14]가 건립한 불퇴사不退寺이고, 왼쪽에는 거
대한 우와나베고분이 있다. 관홍寬弘 4년(1007)에 후지와라노 미치나가藤原
道長는 이 길을 넘어 나라奈良분지로 들어가 야마토大和평야를 남북으로 달
리는 중도中道를 거쳐 킨푸산金峯山에 참배하러 간 적이 있다. 중도는 원래

---

14) 헤이안시대 초기의 가인歌人. 평성平城천황의 손자. 할아버지를 위하여 불퇴사不退寺
를 건립했다. 정열적인 와카의 명수이자 호색好色의 전형적인 미남으로 간주되어 노
能·카부키歌舞伎 등의 제재가 되기도 했다.

헤이조궁 동사방東四坊대로에 접속하는 길이다. 지금 문제 삼은 동삼방대로에서 동으로 1방을 지난 부분을 통과하는 길이었다.

헤이안시대에 카스가春日신사를 참배할 때 이용한 길도 이 동삼방대로를 연장한 도로였다. 이 경우 야마토 평야로 들어가면, 구헤이조경의 일조一條대로로 들어가서 이것을 동쪽으로 끼고 나라奈良 시가지로 들어갔다. 통행인은 나중에 언급하지만, 고지찰을 세운 장소는 많은 사람들이 오간 요지이었을 것이다.

명령의 전달

고지찰이 나와 주목된 지역은 이 밖에도 또 있다. 이는 고지찰을 빌린 전달방법이 당시 이미 퍼졌던 것을 증명하는 점이기도 하다. 이는 전혀 예상할 수 없는 일은 아니었다. 예를 들면, 율령제하에서 문서의 형태를 취한 다양한 명령이 일반서민에게 전파되었다. 어떤 고지는 무슨 방법으로든 간에 철저하게 주지시키지 않을 수가 없었다. 명령 중에는 문말에 이행방법을 명기한 경우도 보인다. 다음에 예로 든 것은 태정관太政官에서 나온 명령인 태정관부太政官符의 마지막 문구이다.

(가) 따라서 소재의 조방條坊 및 요로要路에다 명확히 방시膀示를 더하라[연력 11년(792) 7월 27일 관부]

(나) 따라서 요로要路에 방시膀示하여 분명히 고지告知하라[홍인弘仁 4년(813) 6월 1일 관부]

(가)는 도읍에서 유행했던 사치스러운 장례식을 금지한 명령으로 보인다. (나)는 도읍이나 기내畿內 사람들이 병자를 길가에 버려 두는 것을 금한

명령에 나온다. (나)에는 '고지告知'라는 말도 사용되었다.

게시에 의한 전달

이러한 임시 명령 이외에 령슈으로 일반민중게 공시公示를 규정한 사항
도 있다. 세제를 규정한 부역령賦役슈에는 조調와 조租 같은 민중이 부담할
납부 액을 알리는 '패牌'를 마을에 세워 공시하라는 조문이 들어가 있었
다. 또한 고지찰의 내용과도 인연이 닿는 유실물 내용을 올려 전달되도록
한 흔적도 보인다. 즉 유실물이나 도망자의 처리를 규정한 구목령廏牧슈이
나, 포망령捕亡슈에서는 소유주불명의 물건이나 가축을 가까운 관청에 신
고할 것을 권고하고 있다. 그리고 이들 신고가 원래의 소유주의 신고와
일치하면, 소유주에게 반환한다는 내용과 함께 불분명할 때는 관청 문에
'방고牓告'하여 신청을 기다릴 것 등을 규정했다. 제도만 본다면, 지금도
통용되는 진보된 시스템이라고 할 것이다.

또한 홍수로 떠내려간 재목을 잡령雜슈 속에 따로 조문을 달아 끌어올렸
을 경우 '표방標牓'을 세운 후에 가까운 관청에 보고하도록 의무화한 규정
도 보인다.

앞의 금제禁制의 경우에도 해당하는데, 위에 쓴 '방牓' · '패牌' · '표標'
등은 모두 입찰立札과 게시를 의미하는 말이다.

이와 같은 방식은 물론 중국에서 온 것이다. 그래서 당대唐代의 조령詔슈
에도 유사한 예가 있다. 조금 특수한 경우이지만, 약의 처방전을 입찰立札
에 써서 요소에 세운 일도 있다. 당의 현종玄宗 천보天寶 5재(746년) 8월에는
『광제방廣濟方』이라는 약의 처방집에서 필요한 처방을 뽑아서 커다란 널판
지에 써서 촌村이나 정町 요로에 '방시牓示'하라는 칙勅을 내렸다.

최고最古의 고지찰

그러나 이러한 지시나 규정은 지배자의 자기만족으로 끝날 가능성이 높다. 실제 얼마나 시행되었을까 하는 의문이 생기고, 설령 실행되었다 해도 사람들이 얼마만큼 이해했을 런지도 미지수이다. 그러나 고지찰이 발견되어 이를 어느 정도 실행했을 가능성도 드러냈다. 이는 고대의 식자율識字率을 생각하는 데에도 소홀히 할 수 없는 부분일 것이다.

현재 이와 같은 전달수단이 실물로 확인되는 가장 오랜 예는 다음의 천평보자天平寶字 8년(764)의 목간이 있다.

常陸國那賀郡人公子部牛主之□, 以今有月廿七日夜, 自大學寮邊被盜 鹿毛□□□歲八 □□後脚□□□ 宣告知 諸生徒及官□諸□　　　　　　　　　　　　　　　〔앞〕

人等, 若有見露者, 諸聆□□□□□ 天平宝字八年六月廿八日　　〔뒤〕

이 목간은 최근 헤이조궁 남면에 열린 세 개의 문 중에 서쪽문 앞 도랑에서 발견되었다. 하단이 조금 절단되었지만, 그래도 70㎝ 남짓한 긴 목간이다. 또한 문면이 앞에서 예로 든 고지찰 등과 흡사한 점이 보이고, "마땅히 고지해야 한다"宣告知는 문구가 보여 이 역시 고지찰이라 할 수 있다.

도난당한 말

이 목간은 앞의 고지찰과 공통되는 점이 많다. 결문이 들어간 이 목간에 기록한 내용은 대체로 다음과 같다.

히타치국常陸國(⇨지금의 이바라기茨城현) 나카군那賀郡 사람인 키미코베노 우시누시公子部牛主의 말을 6월 27일 밤에 대학료大學寮 주변에서 도난당했다(말의 털은 녹모鹿毛색이고, 나이는 8세 정도이다. 뒷발에 어떤 특징이 있었던 것 같다). 그러므로 대학의 학생이나 관리에게 고지하여 만역에 발견한 자가 나올 때는 아래의 조취를 취하도록 하라.

날짜는 도난사건 다음날로 되어 있다. 율령제하에서 지방호족의 자제 등이 하급관리나 궁성을 수위하는 병위兵衛가 되어 도읍에서 근무했고, 노역을 위해서 도읍으로 차출되었던 지방민도 적지 않았다. 말을 보유할 정도였기 때문에 우시누시는 혹시 병위였을지도 모른다. 지금의 대학인 대학료는 헤이안경의 궁 앞 시가지에 있었다. 이 도난사건도 도읍에서의 일어난 일이고, 나라시대에도 대학은 헤이조궁 밖에 있었던 것이다.

그러나 이 목간을 고지찰로 보는 것은 오해이다. 목간의 문면은 앞뿐만 아니라 뒤에도 걸쳐 있다. 지면에 세우든 게시하든 글자를 뒤에 둔 찰을 만든다고는 생각할 수 없다. 또한 '고지告知'라는 이름만 붙으면, 언제든지 목찰木札을 사용한 것은 아니었을 것이다.

고지문

관청 등에서는 어떤 사항을 직원에게 알릴 때, 종이 문서로 '고지'하는 일이 이루어졌다. 정창원이 소장한 동대사東大寺 사경소寫經所 문서에 다음과 같은 것이 있다.

假退時　淨衣被返上事
　　　右件
告知　諸書者幷裝潢等
淨衣幷被返

이는 사경생의 휴가신청서 뒤에 써 있다. 문면도 중복되었거나, 결락한 상태이다. 아마도 문서를 작성하기에 앞서 시험삼아 문구를 써 본 것 같은 문서의 초안일 것이다. 뒷면을 아직 사용할 수 있었기 때문에 휴가신청서로 전용된 것이다. 그러나 의미는 대체로 파악할 수 있다. 이는 '서자書者'와 '장황裝潢'에 대한 고지문이다. '서자'는 사경생이고, '장황'은 사경의 표구를 하는 사람을 가리킨다. '정의淨衣'는 사경생에게 관급官給되는 의복이고, '피被'도 관급된 침구이다. '가퇴假退'는 휴가를 얻어 귀성한다는 말이다. 이런 경우 관급된 의복과 침구는 일단 반환하는 것이 규정이었다. 이는 사경사업을 감독하는 관리가 가퇴자를 위해 초안한 통달로 보인다. 그런데 다른 종이에 정서하여 게시하거나 돌려 보았을 것이다. '고지'라고는 했지만, 이같은 경우도 있었던 것이다.

고지해야 한다

문제의 목간에 나오는 "마땅히 여러 생도生徒 및 관□ 제 …… 에게 고지해야 한다"는 내용으로 미루어 나무 찰이 아니어도 될 터이다. 나무 고지찰은 야외에서 불특정다수에게 보여주는 경우여서 불가결한 일이었다. 그러나 이 정도의 사람이 알아야 할 게시물로는 충분할 것같다. 이러한 의미에서도 앞의 목간을 고지찰로 보는 것은 잘못이다. 자연스럽게 읽으면, 이는 '고지' 자체라기보다 도난품을 고지할 것을 명한 문서이다. 아마도 대학료 고지를 명한 목간으로 생각하는 편이 좋을 것이다.

그러나 나라시대부터 목찰을 사용한 '고지'도 시행되었을 것이다. 실물은 아니지만, 정창원의 고문서에 '국현문國懸文'이라는 것이 나온다. 이는 시가현滋賀縣의 이시야마사石山寺 조영에 관한 문서 중에 보인다. 조영에 필요한 재목을 오미近江의 세타교勢多橋에서 야마시로山城의 우지교宇治橋

까지 뗏목으로 나르는데, 그 비용을 부공桴工들이 '국현문'에 준거하여 청구했다고 한다. '국國'은 이 경우 오미국청近江國廳이고, 국청이 세타교 주변에 조재漕材의 공정가격을 시세에 응하여 게시했던 것으로 생각할 수 있다. 이들은 그 성질상 나무 찰이었을 가능성이 높을 것이다. 그러나 이 역시 그 실물은 발견되지 않았기 때문에 출토된 고지찰의 무게가 높다는 사실에는 변함이 없다.

2. 입찰立札을 세우는 사람, 읽는 사람

사적私的인 고지

발굴한 고지찰에서 특히 중요한 것은 지금까지 쓴 다른 모든 예와 달리 내용이 '사적인' 고지가 포함되었다는 점이다. 단편 1점을 제외하고 문면을 알 수 있는 3점은 모두 그렇다. 하나는 앞에서 예로 든 유실물인 말에 관한 것인데, 나머지 두 개를 여기 소개한다. 두 번째 찰은 도난당한 말의 고지찰이다.

被盗斑牡牛一頭　誌左右本爪小在, 歲六許

(2)□往還□□□告知　應告賜山邊郡長屋井門村　右牛以十一月卅□□開給人益坐, 必々可
　　　告給

글자를 읽을 수 없는 부분도 들어가 원문을 실었다. 도난당한 것은 점박이 숫소이다. 그 '표시誌'로 "좌우의 발톱이 조금 있다"는 점을 들었다. 6세 정도의 소이다. 본문은

야마노베군山辺郡 나가야長屋의 이도촌井門村에 고할 것. 위의 소는 11월
30일로써 ……. 듣는 분이 계시면 필히 꼭 고할 것.

라고 읽을 수 있다. '益坐'는 일본어 'まします'[마시마스➪계시다]에 대한 차자이다. 아울러 여기에 보이는 나가야長屋나 이도 촌井門村은 처음에 언급

한 중도中道에 늘어선 지명이고, 현재의 텐리天理시내이다. 고지자는 거기 사는 주민이었을 것이다.

이에 대해 세 번째 찰은 말을 붙잡은 사람이 세운 것이다. 여기는 천장 天長 5년(828)의 연호가 들어 있다.

右馬 以今月一日辰時 依作物食損 捉立也 而至于

(3) 告知捉立鹿毛牡馬一匹 驗額髮毛 今日 未來其主

ᄀ件馬☐可來ᄃᄀ☐☐ 天長五年四月四日

'착립捉立'은 '붙잡아 세우다'이다. 말의 특징을 말하는 여기서는 첫 번째 찰과 동일한 '험驗'자가 사용되었다. '험驗'도 '지誌'도 '표시'이다. "이 말은 천장 5년 4월 1일 아침에 농작물을 뜯어먹는 말을 붙잡았다. 그러나 오늘(4월 4일)까지도 소유주기 나타나지 않는다(만약 소유주가 있으면 ⋯⋯ 으로 고하러 오길 바란다)."는 것이 이 찰의 취지이다.

관청의 일

(2)·(3)의 경우 본인은 당연히 가까운 관청에도 신고했을 것이다. 이럴 때의 조치는 포망령捕亡令이나, 구목령廐牧令에 규정되었다는 것은 앞에서도 언급했다. 조금 덧붙이면, 당사자가 물건을 분실하거나 도난당했을 때의 상황이나 특징을 관청에 신고한 다음 물건이 나왔을 때 증거가 된다는 이점이 있다. 그러나 이러한 법규나 관청의 처리가 충분했는지를 신뢰할 증거는 없다.

(1)·(2)는 발견한 사람이 직접 소유주에게 알려 줄 것을 바라고 있다. (3)에서는 잡은 말을 스스로 고지한 것이다. (3)처럼 도망간 말을 발견한

경우는 령_令의 규정에 따라 우선 관청에 신고하는 것이 사리이다. 령의 규정이 이행되었지만, 이와는 별도로 이러한 처리방식이 일반화되었을 것이다. 옛날이나 지금이나 관청의 무성의한 대응은 변함없었을 지도 모른다.

공권력이 고지찰을 세울 때와는 달리, 세워도 효과가 없는 사적 고지찰을 시도하는 사람은 없었을 것이다. 그래서 고지찰 배후에서 도시적인 연대의 모습을 읽어낼 수도 있다.

고지의 상대

고대의 킨키近畿 일원에는 고지찰을 자연스럽게 기능시킬 조건이 구비되어 있었다. 우선 첫 번째는 문자의 보급이다. 통행인 중 상당수의 사람이 이러한 찰의 글을 읽을 수 없으면 의미가 없다. 고지찰 문장에는 일본적인 한문이 섞였다. (1)의 "池邊而"(연못의 주변에서)나 (3)의 "依作物食損"(작물을 식손함에 따라) 등은 정식 한문이라고 할 수는 없다. 가장 극단적인 것은 (2)의 "聞給人盆坐 必々可告給"(들으시는 사람이 계시면, 필히 꼭 고해야 한다)일 것이다. 동일한 내용을 쓰면서도 대학료大學寮 부근에서의 도난은 목간의 문면이 정확한 한문으로 쓴 것과 좋은 대조를 이룬다. 이 차이는 연대 차에서 비롯되었다기 보다는 문장의 성격에 기초한 것이 틀림없다.

이같은 전달방법이 전국 어디서나 통용되었다고 생각할 수는 없다. 이러한 찰을 세운 야마토大和와 야마시로山城를 중심으로 하는 지역은 킨키 일원이다. 제2장에서도 서술한 것처럼 유수한 관리공급지가 바로 이 지역이었다. 이 상황은 헤이안시대에 이르러서도 바뀌지 않았을 것이다. 당시 사회에서 관리 외에 글자를 다룬 계층은 승려인데, 이 두 그룹은 동일한 일족에서 나오는 경우가 많았다. 킨키 일원은 이같은 사정 때문에 자연히 문자를 아는 사람의 비율도 높았을 것이다.

왕래하는 모든 사람

통행의 이유는 공사를 막론하고, 여러가지 사정이 있었을 것이다. 『일본영이기日本靈異記』라는 헤이안시대 초기의 설화집에는 나라奈良와 에치젠越前의 츠루가敦賀 사이를 왕래하던 나라노 이와시마楢磐嶋라는 인물의 이야기가 실려 있다. 그는 헤이조경에 살면서 대안사大安寺가 대부용으로 소유한 돈을 빌려 츠루가로 가서 물건을 사다가 도읍에다 파는 상업활동을 하는 인물이었다. 설화의 등장인물이기는 하지만, 이는 한 유형을 나타낸 것으로 생각해도 좋다. 헤이안천도 후에도 나라의 대사원은 그대로 세력을 유지했기 때문에 이러한 경제활동도 계속 이루어졌고, 나라노 이와시마와 같은 인물이 활동했던 것도 틀림없는 사실이다.

고지찰에 기록한 길은 이같은 상업 루트이기도 했다. 이는 고지찰을 발견한 동일한 도랑에서 나온 700매 이상의 고대의 돈이 암시하고 있는 것 같다. 이들 돈은 오랫동안 도랑에 떨어져 쌓인 것으로 보이는데, 화동개진和同開珎을 비롯한 10세기 초의 연희통보延喜通寶까지 11종류에 걸쳐 있다.

이에 비해 고대 일반서민의 경우는 어떠했을까. 그들에게는 원격지로 외출할 일이 거의 생기지 않은 것으로 보아도 좋다. 그런 일이 만약 생겼다면, 세금으로 받은 물건을 도읍으로 나르는 역부役夫가 되었을 때를 생각할 수 있다. 이 밖에 위사衛士나 사정仕丁, 방인防人 등 어떠한 노역에 종사하는 경우도 원격지로의 외출이 가능했을 것이다. 그러나 대부분은 문자를 만족스럽게 이해하지 못했을 것이다. 고지찰에는 "왕래하는 모든 사람"이라고 썼지만, 이를 세운 사람이 염두에 둔 대상은 일반서민이 아니었다. 그러나 반대로 일반서민 이외 문자를 이해하는 엘리트들의 통행이 얼마나 왕성했나를 잘 드러내고 있다.

설화 속의 고지찰

여기까지 쓰면서 떠오르는 설화가 하나 있다. 이는 『일본영』이기보다 조금 나중에 이루어진 『일본감영록日本感靈錄』이라는 불교설화에 나오는 이야기이다.

승화承和 8년(841) 3월 12일의 일인데, 재진載珍이라는 고승이 나라의 원흥사元興寺에서 미륵법회를 열었다. 이 법회에 배례하기 위하여 토치군十市郡의 카가미츠쿠리촌鏡作村(⇨현재의 나라현 타와라본청田原本町?)에 사는 어떤 가장이 말을 타고, 하인 몇 사람과 함께 나라까지 왔다. 그런데 법회가 끝나서 나와 보니, 매어 둔 말이 없어졌다. 가장은 생각했다. 어차피 찾아도 쉽게 나오지는 않을 것이다. 오히려 영험의 높은 원흥사의 사천왕에게 부탁해 보자. 그래서 재빨리 기원을 올리고, 귀가하여 하루밤을 지낸 13일에 정원을 내려다 보는 참에 잃어버린 자기의 말을 탄 생명부지의 인물이 들어오는 것이 아닌가.

그 다음은 사본 자체가 결락되어 확실히 뜻을 알 수 없으나, 말이 돌아왔다는 것이다. 가장은 사천왕에게 감사한 동시에 이 영험을 '부簿'에 써서 절에 헌납했다는 것이다. '부簿'에는 '布美多'[후미타]라고 주가 붙어 있다. '후미타' (=후다⇨'찰'이라는 뜻) 즉 목찰이었던 것이다.

이 설화 자체는 '부簿'의 기사를 기초로 하여 만들었다. 이야기의 마지막에는 "이 말의 주인이 자세히 기록하여 고지하는 바이다"라는 내용이 들어 있다. 원흥사를 참배하는 사람들은 목찰에 써서 고지한 영험담을 감동적으로 읽었을 것이다.

여기에 등장하는 가장은 하인을 거느린 가운데 얼마간의 불교지식을 가진 유력자이다. 영험에 의지할 마음이 없었다면, 잃어버린 말을 찾는 고지찰을 세웠을지도 모른다. 그런데도 관청에 신고하지 않는 부분은 재미있다.

설화에 나오는 승화 8년은 출토된 고지찰과 거의 동시기이다. 실제의 고지찰은 승려로 보이는 (1)의 예를 제외하면, 세운 사람의 이미지가 분명하지 않다. 그러나 이 설화에서 인물상의 하나를 구체적으로 그릴 수가 있다.

발굴된 고지찰에 나오는 사연은 당시 일어난 작은 사건에 지나지 않는다. 그러나 고지찰을 세운 이유나 환경을 생각하면, 고대 도읍지 근교에서 일어났던 도시적인 양상을 얼마만큼 상상할 수 있다.

【후기】

　본서는 저자가 지금까지의 연구를 토대로 새롭게 쓴 것이다. 집필에는 선학들 연구에 도움을 받은 점도 수없이 많다. 서적의 성질상 일일이 주기를 달지는 못했지만, 진심으로 감사드리는 바이다.

　목간은 지금까지도 몇 가지 책이 출판되었다. 독자의 참고가 되기를 바란다. 그리고 일반독자들이 쉽게 입수 가능한 목간 관계서적을 다음과 같이 소개한다.

　　狩野久編,「木簡」, 至文堂, 1979; 『日本の美術』160.

　　橫田拓美・鬼頭淸明, 『古代史演習 木簡』, 吉川弘文館, 1979.

　　大庭脩, 『木簡』, 學生社, 1979.

　　岸俊男, 『宮都と木簡―よみがえる古代史』, 吉川弘文館, 1977.

　본서의 기획은 이와나미岩波서점의 이토 오사무伊藤修 씨와 함께 3년 전에 이미 논의된 일이었다. 나 말고도 적임이 계실 것이라 생각에서 일단은 거절했다. 그러나 목간 논문집을 정리한 시점에서 나 나름대로 무언가 쓸 수 있을 것 같은 느낌이 들어 작년 여름부터 조금씩 준비를 하기 시작했다. 그러나 본격적으로 집필에 몰두한 것은 지난 겨울에 들어서이다.

　집필에 몰두하고 나서는 여러 번에 걸쳐 이토 씨로부터 독려를 받아 솔직히 괴로웠지만, 지금 생각하면 이토 씨의 독려가 없었다면 본서가 빨리 완성되지 않았을 것이다. 또한 이토 씨한테는 본서의 서명이나, 장의 제목을 갖추는 일에까지 여러 가지로 신세를 졌다. 다시금 감사드린다.

끝으로 사진을 싣도록 협력해 주신 모든 기관에도 사의를 표하는 바이다.

1983년 4월

토노 하루유키 東野治之

【 신판 후기 】

　이와나미 신서 중 한 권으로 본서의 구판이 나오고 나서 이미 15년 가까운 세월이 흘렀다. 구판은 목간을 다룬 일반서 선구로서 다행히 호평을 받았다. 그러나 눈부시게 변화하는 고고학과 고대사의 세계는 그간의 목간 발굴을 크게 부추겼다.

　신판을 내면서 데이터를 수정하는 동시에 특히 획기적인 발견의 하나인 나가야왕 저택의 목간 한 장을 더 추가하기로 했다. 이는 이전에 쓴 「고대인의 일상문古代人の日常文」(『文獻資料を讀む · 古代』, 『週刊朝日百科日本の歷史別册 歷史の讀み方』 4, 1990)을 개고한 것이다.

　구판에서는 각 장의 참고문헌은 전혀 들추지 않았는데, 이번에는 직접적인 전거가 된 저자 자신의 연구를 중심으로 참고문헌을 권말에 싣기로 했다. 구판 이후에 새로운 논고가 나와 연구가 진전된 테마는 *를 붙여서 그 논고도 게재했다. 새로 추가한 색인과 함께 도움이 되었으면 한다.

　마지막으로 신판의 간행에 신세를 진 이토 오사무伊藤修 씨와 오노 타미키小野民樹 씨, 교정을 도와 주신 츠즈키 카즈에都築和榮 씨에게 깊이 감사드린다.

1997년 8월

토노 하루유키東野治之

【 역자 후기 】

이 책은 東野治之 『木簡が語る』(岩波書店, 同時代ライブラリ-319, 1997
年)의 한국어판이다. 이 책의 키워드는 목간, 일본고대, 토노 하루유키라고
할 수 있다.

東野治之선생은 1946년 일본 兵庫縣 출신으로 1969년 大阪市立大學 文
學部를 졸업하였다. 1971년 同大學 大學院 석사과정을 수료하고 奈良國立
文化財研究所 文部技官, 大阪大學 文學部 敎授 등을 거쳐 현재는 奈良大學
文化財學科 敎授로 재직중이다. 飛鳥 · 奈良時代에 관심에서 木簡 · 金石文
등 文字資料, 正倉院 · 法隆寺 등 연구를 중심으로 對外交流史 연구에 몰두
하였다. 『正倉院文書と木簡の研究』(塙書房,1997년), 『日本古代木簡の研究』(塙書
房, 1983년), 『長屋王家の木簡の研究』(塙書房, 1996년), 『遣唐使と正倉院』(岩波書
店,1992년), 『日本古代金石文の研究』(岩波書店,2004년), 『木簡が語る日本の古代』
(岩波書店,1997년), 『正倉院』(岩波新書,1988년),『貨幣の日本史』(朝日選書,1997년), 『遣
唐使船』(朝日選書,1999년) 등 주옥과 같은 연구서를 갖고 있다. 東京大學博士
(文學)를 취득하였며, 제1회 浜田靑陵賞(1988년), 제17회 角川源義賞(2005년)을
受賞하는 등 그 연구경력은 화려하다. 東野선생은 2002년 경 충남대 백제
연구소 공개강좌에 초빙되어 목간연구 방법론과 백제 능산리사지 출토
목간에 대해 강연한 바 있으며 그 때 역자는 필자와 첫 대면하게 되었다.

이 책은 목간을 통해 일본고대를 복원한 것이다. 목간이란 얇게 가공된
보통은 대나무자와도 같은 나무조각에 먹으로 글을 쓴 것을 이른다. 서사
의 자료로서 나무는 종이와 함께 사용되면서 습기에 약하고 내구성에 취

약한 종이가 할 수 없는 방면에서 그 역할을 해오고 있다. 이 책은 이같은 일본 고대 특히 나라시대 출토 목간을 자료로 하여 그 시대 일본사회를 성공적으로 그려내고 있다. 원래 이 책은 저명한 岩波新書로서 1983년 출간되었는데, 인기리에 판매되어 판을 거듭하였다. 이에 1997년에는 개정, 증보판이 岩波新書동시대라이브러리 시리즈로 출간되어 오늘에 이르는데 거의 절판상태임은 이 책의 인기를 말해준다.

이 책은 관청의 전달체계와 장부, 공진물의 꼬리표로서, 나라 시대 관리들이 일상적 업무 속에서 쓰여진 목간으로부터 그들의 일하던 모습, 고대인의 일상생활 등 여러 모습을 살려내고 있다. 이를 통해 독자는 사료학의 정수를 맛볼 수 있다. 이 책을 펼치면 흥미로운 내용에 절로 빨려들어가 하룻밤에 한권을 모두 읽어내려가게 된다. 아울러 일본고대사 뿐만 아니라 고전어문학, 한학 등에서 해박한 필자의 지식에 절로 혀를 내두르게 된다. 요소 요소에 저술가로서 필자의 필력은 매우 돋보인다. 행정문서에 종사하고 있는 현역 말단 공무원인 역자에게, 장부나 전달체계, 근무평정 이야기 등은 공감되는 현장의 살아 있는 이야기로 다가왔다.

이 책의 한국어판이 출간되기까지는 여러 고개가 있었다. 먼저 저자와의 교섭에는 국학원대학 사부이신 스즈키 야쓰타미鈴木靖民 선생님이 필자와의 사이에 다리가 되어 주셨다. 이를 바탕으로 토노 선생님은 번역을 흔쾌히 수락하였다. 성고 후에 출판사를 찾는 과정에서 연합통신의 김태식 선생님은 주류성을 소개해 주었다. 주류성 최병식 사장님은 출판에 열정을 아끼지 않았다. 사진 사용 신청에 타나카 토시아키田中俊明 선생의 조력이 컸다. 깊이 감사드린다.

근래 한국고대사학계에서는 목간연구가 중요 테마로 떠오르고 있다. 여기에는 국립가야문화재연구소(종래 국립창원문화재연구소)의 숨은 공로가 크다. 이같은 흐름 속에서 중국이나 일본 목간에 대한 관심이 고조

되고 있다. 이에 비해 이와 관련된 한국어로 된 성과는 손에 꼽힐 정도이
며 거의 없다고 해도 과언이 아니다. 한편 한국학자들의 일본고대사연구
는 한일관계사에 그 연구가 편중되고 있다. 필자가 아는 한 본토 일본고
대사학계의 주요 연구 테마 중 하나는 사료학이며 그 한 가운데 목간이
있다. 본서는 이같은 한국고대사학계의 수요에 조금이나마 답할 수 있는
실마리가 될 수 있다. 더불어 한국의 일본고대사학계에 사료학, 그 중 목
간학의 장르를 소개하는 개설서적 역할도 겸할 수 있다. 또 이 방면에 관
심이 고조되고 있는 한국의 국어학계에도 관련참고서로 기능할 수 있다.

원문의 분위기를 최대한 살리는 데 번역의 주안점을 두었으며, 일본사
의 이해를 돕기위해(⇒)와 역자주를 붙였다. 또 목간사진은 석독이 가능
하도록 가급적 크게 다루었다. 목간의 석문 표기 역시 세로쓰기에서 가로
쓰기로 바꾸었을 뿐, 원서의 표기를 그대로 살렸다.

색인 역시 원서와 같다. 또 목간 사진 아래에 (   )로 사진 저작권의 소
재를 밝혀두었다.

적지않은 업무 속에서 상대적으로 적은 연구시간에, 이를 쪼개어 번역
에 종사한 것은, 이같은 훌륭한 성과가 한국어를 매개로 관련 한국학계에
공유시키는 것이 중요하다는 판단에서 였다. 이 소박한 노력이 관계 분야
의 진전에 씨앗이 된다면 더 없는 영광이다.

2008년 1월

부여에서 이 용 현

【참고문헌】

제1장 관리들의 습자

東野治之, 「平城宮出土木簡所見の『文選』李善注」, 『正倉院文書と木簡の研究』, 塙書房, 1977.

東野治之, 「奈良時代における『文選』の普及」, 『正倉院文書と木簡の研究』, 塙書房, 1977.

*佐藤信, 「習書と落書」, 『日本古代の宮都と木簡』, 吉川弘文館, 1997.

제2장 헤이조궁으로 단신부임

*鬼頭淸明, 「『召文』木簡について」, 『古代木簡の基礎的研究』, 塙書房, 1993.

제3장 유제품을 먹는 고대인

東野治之・池山紀之, 「日本古代の蘇と酪」, 『長屋王家木簡の研究』, 塙書房, 1996.

제5장 나라시대의 근무평정

東野治之, 「成選短冊と平城宮出土の考選木簡」, 『正倉院文書と木簡の研究』, 塙書房, 1977.

*寺崎保廣, 「考課木簡の再檢討」, 關晃先生古稀記念會編, 『律令國家の構造』, 吉川弘文館, 1989.

*舘野和己,「平城宮木簡五 解說」, 奈良國立文化財研究所編,『平城宮木簡』
　5, 1996.

제6장 시마국에서 온 날미역

東野治之,「志摩國の御調と調制の成立」,『日本古代木簡の研究』, 塙書房,
　1983.

*渡辺晃宏,「志摩國の贄と二條大路木簡」,『續日本紀研究』300, 1996.

*仁藤敦史,「駿河・伊豆の堅魚貢進」, 靜岡縣地域史研究會編,『東海道交通
　史の研究』, 淸文堂, 1996.

제7장 국가의 일, 황실의 일

東野治之,「廷と外廷―宮內省の性格を中心として―」,『長屋王家木簡の研
　究』, 塙書房, 1996.

제8장 나가야왕가의 목간 읽기

東野治之『長屋王家木簡の研究』의 제1부.

제9장 한자 · 만엽가나 · 가나

東野治之,「木簡の書風について」,『正倉院文書と木簡の研究』, 塙書房,
　1977.

東野治之,『日本古代木簡の研究』의 제3부.

東野治之,『書の古代史』(岩波書店, 1994) 제2장.

제10장 중국의 수험참고서

東野治之,「大宰府出土木簡にみえる『魏徴時務作』考」,『正倉院文書と木簡の

研究』

*丸山裕美子,「日本古代の地方教育と教科書」,『文明のクロスロード
MUSEUM KYUSHU』55, 1997.

제11장 길거리에 세워진 고지찰

*高島英之,『示木簡試論』, 虎尾俊哉編,『律令國家の政務と儀礼』, 吉川弘文
館, 1995.

색 인

자